跑 楠

魏亚楠　马鸣◎著

长春出版社
 全国百佳图书出版单位

图书在版编目（CIP）数据

跑楠 / 魏亚楠, 马鸣著. -- 长春：长春出版社,
2024. 11. -- ISBN 978-7-5445-7699-4

Ⅰ. K825.47

中国国家版本馆CIP数据核字第2024U814U2号

跑楠

著　者	魏亚楠　马　鸣
统　稿	杨　羽
责任编辑	程秀梅
封面设计	清　风

出版发行　长春出版社
总 编 室　0431-88563443
市场营销　0431-88561180
网络营销　0431-88587345
地　址　吉林省长春市南关区长春大街309号
邮　编　130041
网　址　www.cccbs.net

制　版　长春市清风静盈文化有限公司
印　刷　吉林省吉广国际广告股份有限公司

开　本　880mm×1230mm　1/32
字　数　75千字
印　张　4.5
版　次　2024年11月第1版
印　次　2024年11月第1次印刷
定　价　58.00元

启蒙教练佟友亮

我和我的母亲

西安大路小学师生合影

第一次参加东丰县3000米公路赛

长春市体育运动学校毕业合影

国家队领队、教练、队员在兴隆训练基地合影

2000年参加北京国际马拉松，与教练李广兴合影

北京十公里路跑第一，与教练肖亮合影

与韩国教练金繁一合影

与教练刘文军在长白山合影

2000年首尔国际马拉松冠军　　　　　马鸣　　魏亚楠

2001年韩国首尔国际马拉松冠军

2002年获北京国际马拉松冠军

2002年获首尔国际马拉松赛冠军

2000年首次参加济南马拉松锦标赛获第四名

首次出国参加日本国际马拉松半程获第三名

俄罗斯半程马拉松获第二名

在俄罗斯，与领队马鸣、参赛中国男队员白晓文合影

1999年北京长城杯10公里冠军

1999年北京容错杯国际长跑节冠军

2000年北京国际马拉松冠军

2000年韩国半程马拉松冠军

2001年日本友好赛女子最优秀奖

2001年北京国际马拉松接力赛冠军

2002韩国马拉松冠军

2007韩国马拉松第一名

2008年世界冠军体会马拉松第二名

2009年上海国际马拉松冠军

2011年世界冠军体会里约热内卢马拉松第二名

2018年内蒙古科右前旗半程马拉松冠军

2018年香山国际马拉松第一名

2018年吉林辉南龙湾寒舍杯第一名

2018年中国天下第一关国际长城越野马拉松冠军

2018松发前程半程马拉松广军

2019年长春冰雪马拉松冠军

2021年吉林长白山半程马拉松第一名

2023年信阳国际马拉第三名

序

　　《跑楠》，不仅是自传，还可作为业余长跑爱好者的指导手册，尤其最后一章的访谈，以飨长跑爱好者。

　　《跑楠》，能与读者见面，源于一次酒后诳语，自省不甘世故，犹豫难决，渐为己任。奔跑半生多舛，经历不忍隐没。四处宴文友，八方拜高人，十万笔耕酬金遭拒。壬寅岁初，疫情严峻，封城久困，赋闲之余。时光恨虚度，信任愧辜负，深知笔拙才浅，无力胜任此传。几多伏案夜耕，几多离座辍笔。路折尽，行难止，心欲灰，念未绝，执着坚毅起笔，任重路崎独行。鸣志出品，楠能可贵，尚拙，不器，海涵！

　　初见！2019年1月13日，长春冰雪马拉松，在终点线前和众人及各品牌长枪短炮，共同盯向远方，天与地混成一色，磨砂白。一个点破白而出，渐成一个跑动的人形，远方传来呼号，加油！第一名！冠军！什么楠！与击掌声、跺脚声、喇叭声、敲鼓声和维持秩序的吼声，"炒"做一团。待到这个身影渐近，看到满发梢、满眉毛白霜却看不清脸时，这个身影又迅速地远离我冲向终点线，此时现场的嘈杂声达到高潮。我身旁的国家级裁判袁老师，突然向着那个什么楠大喊，违规！违规！你个世界冠军跑这儿来占便宜！然后笑着对我说，十几年前带她参加过首尔马拉松，那次她也是冠军。我当时就决定，要让这位什么楠参加下个月在俄罗斯符拉迪沃斯托克举办的冰上马拉松。举行颁奖仪式时，我认真听清了主持人喊的名字，并亲手把奖杯、奖牌、奖金发到她手里时，记住了这张中国女子长跑运动员的容貌。

初识！2019年2月22日，长春龙嘉机场，刚走进国际出发大厅，就看到袁老师高大的身影立于来往的人群间，在感谢袁老师百忙中参加这次出行的时候，一身中国红和一身玫瑰红走近我们，我主动向中国红打招呼，中国红此时向我介绍了身旁的玫瑰红，长春男子马拉松传奇一哥白晓文，我顺着中国红翘起的大拇指，伸手向玫瑰红也表达了谢意。我转身又介绍了同事白建华和吉林日报随行记者景洋。我们一行从国际安检区开始踏上征途。当年这条航线是由乌航执飞，我们所乘坐的航班，在飞行中不规则地抖动45分钟后，安全降落在阿尔乔姆机场，待飞机停稳后，机舱内虽没有听到传说中的掌声，但隐隐的叹息声让我感到飞机舱温至少上升了3℃。此时，同行6人的焦虑表情也渐有舒缓，所以在此前的飞行过程中相互之间也没有多少交流，即便运用丹田之气听着也费劲，还需配合手语和唇形。走出机场后的异国氛围，让魏亚楠开始活跃起来，适应能力比我还快，直爽无遮掩的表达，让我感觉她更像一个贪玩的学霸在逃课，根本感觉不到她有压力。冬季的俄罗斯夕阳照在脸上，面部神经集体伸个懒腰，打个哈欠，听力顿觉灵敏，世界重陷嘈杂，能分辨出汽车机械异响和沙砾擦过车体的声音。我坐在副驾驶的位置，目光散漫地扫视着窗外异国街景，耳朵听着车厢内的交谈，通过她与袁老师和白哥提及的各类比赛往事，渐渐了解了一些她辉煌时期的经历。当我站在符拉迪沃斯托克宾馆的落地窗前，眺望着眼前彼得大帝湾的日落海景时，想到彼得大帝，阿列克谢耶维奇的后世子孙，罗曼诺夫王朝的末代皇帝——尼古拉二世，沙皇俄国历史上唯一一位到达过亚洲的君主，视这座从大清帝国版图割占的海港小城为东方明珠，国家战略设定为统治东方的支撑点。尼古拉二世被处决前曾是那个时代的健身达人。他常劝告身边的皇亲国戚，不要做无意义的健身，我们应将从大自然借取的能量，不能浪费。他或是骑自行车为皇室家眷当快递员；或是划双桨小船运送物资，总之，他一定会将体力用在健身所能及且有价值的劳作上。当时已拥有五个孩子的亚历山德罗维奇，由于常年的有氧运动，始终保持着修长的身材，高挑而优雅。我突然意识到，带着魏亚楠参加这场比赛，又是来占便宜的。

缘起！2019年2月23日，俄罗斯符拉迪沃斯托克市诺维克湾海冰上。眼前是一望无际灰蓝的海冰，身后是皑皑的林莽，巨大的蒸汽船在海冰上咆哮着高调往返穿梭，像一只吃撑着的成年北极公熊在企鹅群旁炫耀身材和速度。远处数只三角翼风筝在空中飞舞，仿佛伺机捕猎的鱼鹰在嚣张盘旋，每束牵引绳下都有一名穿着飞肾（Fashion）的俊男或美女在冰面上夸张跳跃，似《异星战场》里的地球人刚刚抵达火星，不适应重力的蹒跚跳跃，时而在冰面踉跄，时而跃至数层楼高的空中呼吼，引得我也兴奋地向他们怪喊了几声，然后骂骂咧咧地转过身望向人群。人群不远处有一个冬泳池，若干位年轻的健硕男女在冰水里摆拍，而最吸引池边众多目光的却不是各款性感身材，而是一位身穿白色比基尼的年轻妈妈，怀里抱着不足一岁的婴儿，像在自家后院的私人游泳池里一样消遣，这又引发我感慨了一番这个民族。在观察完海冰上的情况后，回到人群中，融入数千人合唱俄罗斯国歌的海洋中，激情而嘹亮地在广阔的白和高远的蓝中产生了音爆，迅速蔓延至远方。音爆中心，多数人在微笑地唱，一部分人在眉目传情地唱，少部分人在仰脸朝天地唱，还有几位在挥舞双臂地唱，就是没看到有人在流眼泪地唱。伴奏音止，人们开始欢呼、拥抱、拍肩、祝福、亲吻。我舔舔上下嘴唇，低头散脚向起跑区走去，此时身后又传来节奏感极强的热身音乐，我转过身，边退步边眺望，人浪随着音乐整体地起伏或移动，在我眼里那并不是赛前热身运动，而是北欧人出征前的战舞。战舞结束，五颜六色的运动服们开始向起跑区聚集，魏亚楠和白晓文作为报名成绩靠前的国际运动员站在起跑绳后第一排，起跑绳前的美女主持人又狠狠地讲了一大串俄语，之后便是安静，极其地安静，甚至能听见起跑区内人群呼出的白气声。漫长的安静，瞬间被"啪"的一声终止，紧接着听觉被"达崴！达崴！"以及各种叫喊声灌满，为了对抗这种声浪带来的压迫感，我握紧拳头向着冲在最前排的人群高喊"加油！加油啊！"

见心！空旷的远方，数个点在蠕行、渐近，Polina匆忙跑过来通知我，准备好你们的国旗，女子组你们的人跑在最前面，预计10分钟后就能到。我组织大家站在终点线前，决心向俄罗斯人展示一下中国人的热烈。经过漫长的10分钟，在翘盼中却等来了一位俄罗斯女选手，此时大家沉默不语，每个人的目光都急切地向这位俄罗斯女选手身后搜寻，我心里瞬间就产生了各种不祥的设想，像过电影一样快速闪现，跑错路啦？昏厥啦？掉冰窟窿里啦……不多时，脑中碎片电影被视野里的中国红叫停，等到能看清时，发现她的跑姿略有瘸拐，左腿明显不敢发力，且表情略带痛苦，冲过终点线后，我们都围过去表示祝贺，魏亚楠的第一句话，是在她边脱防滑冰爪边对我说的："对不起！我崴脚了，在最后两公里处。"诚恳的语气，反倒让我产生了歉意，原来我俩心里都是默契地奔着这块金牌而来，此前我虽未曾预测过有关本次比赛的结果，但言行中的自信，大有曹操赤壁战前的雄姿，却忽略了我们的队员没有冰马比赛经验等因素，虽然在国内备赛阶段，魏亚楠和白晓文经常在南湖冰面上作长距离适应训练，但来到这里才发现，海冰和湖冰是有很大区别的，湖冰坚硬光滑，海冰是磨砂面且凸凹不平，俄罗斯参赛选手鞋底配用的都是轻便防滑冰扣，我们参赛使用的是沉重防滑冰爪，这种装备能增加多余的摩擦力，但在凸凹不平的海冰上增添了受伤风险，而且还会快速地消耗使用者的体能，魏亚楠在这种情况下能获得第二名，实属不易，这结果是因我没有和俄方做好赛前沟通导致的，我应该负全责。男子组白晓文也遇到同样的问题，遗憾地仅获得第五名。第二天，令我们没想到的是，这个成绩，在俄罗斯当地媒体和国内《吉林日报》电子版上，都引起了非常大的震动和关注。尤其是《吉林日报》电子版中的该条新闻，浏览量连续多天保持在前三位，因为中国报名两位选手都是以非专业运动员的身份参赛，且初登此类赛场，就能获得如此优异的成绩，让中俄双方都很震惊。虽然错失折桂，但这个成绩也确实值得庆祝。在热烈的颁奖仪式后，我不知是惭愧，还是庆幸，总是觉得手里少样东西，略品，少瓶伏特加。

承诺！符拉迪沃斯托克清爽冬日海滨的夜色，市中心当地有名的高档餐厅，意大利建筑风格，莫扎特的天赋在宾客耳畔萦绕，高调的落地玻璃窗内，男模般的俄罗斯帅小伙们，燕子般在餐厅穿梭。六副东方面孔，坐在二楼最显眼的位置，桌上不仅摆满了餐厅的特色美食，杯盘之间还镶嵌着伏特加、红酒、啤酒、虎骨酒、冰淇淋等利口佳酿，各款酒杯的使用率远高于刀叉，因为我有提前分发大额小费的习惯，使我们获得了餐厅服务的优先权，所以东方面孔们的用餐节奏很快便进入高潮，推杯换盏间诉说着各种往事和趣闻，融洽和愉悦在二楼最显眼的位置辐射着。我每次到俄罗斯酒量都会入乡随俗，杯中美酒的诱惑远大于盘中美食，总希望自己能有机会像《战争与和平》里的贵族军官一样，站在窗沿上豪饮伏特加，这次也不例外，为借机贪杯，频频举杯向在座各位敬酒，也不知是哪句话，提到了魏亚楠的人生不易，更忘记是哪一轮，赞扬其运动生涯值得出本书，等到在座各位起身收杯之际，非要让袁老师、白哥、小白、景洋作为见证人，承诺回国后一定要帮魏亚楠出本自传，并高举杯中酒许诺，必须的！乌拉！

每天享受于多巴胺和内啡肽持续分泌带来的微愉悦。

家父！天命人力所不及。我的时间纪元是从他永眠吉日开始重新划分为纪元前和纪元后。《跑楠》，起笔于纪元前，家父去世期间，止笔百日，初稿完于纪元后首个没有父亲的正月初八。时值全国防疫工作结束，各族人民刚从疫言难尽的阴影中走出，既欣喜，又疲惫。回首三年人世间，诸多感慨！回望笔耕孤影中，不算虚度！垂髫记忆：晨起跟随爸爸高大的背影奔跑，沿着小路，渡过小河，从城市跑到乡野，止步于铁路边，每天目送同一列火车驶过，伸出食指，在空气中查车厢节数，待最后一节车厢消失于视野中，心满意足地再跟随高大的背影，顺着来路跑回家。也许，40年前就注定今天我会完成《跑楠》。豆蔻冲动：初入中学校门的第一个9月，便迎来校秋季运动会，我所在的班级虽是体育强班，但体育委员多次征集，始终无人报名五千米项目，最后班主任老师总动员，为了荣誉坚决不能缺项，我在荣誉的感召下激动地举起右手，全班同学顺着班主任老师的目光看向我，教室内落针可闻。回家后我把激动写在信里，寄给在远方工作的爸爸，同学劝我："我们的吃喝运动会，你却跑五千米，亏啦！"爸爸回信说："吃亏是福！"而后，中学时代的运动会最长距离径赛项目，我一跑就是6年。弱冠激情：夜登泰山，晨跑嵩山，暴走华山，赤足黄山，凡所到城市、国家、地区，我一定要以奔跑观赏景观，体验海拔，品尝空气，甚至在布达拉宫门前跑出了天安门前的节奏，每次成功征服目标后，我都会通过电话第一时间把欣喜高声传递给爸爸。爸爸！感谢您送给我享用一生的礼物，让我成为健足者，我会坚持奔跑，直到人生脚步的尽头。纪元后，每次做完热身运动，准备开始起跑，口中遂默念，爸爸！带我跑步吧！

保持纯洁，直到永生！

感谢！在未来没有到来之前，能抓住未来的智者。感谢！长春市文化广播电视和旅游局的曲笑先生、曹广彬先生、隋泰斗先生，让长春冰雪马拉松成为吉林省冰雪节的重要活动之一，开创了中国北方省会城市冬季举办冰雪马拉松先河。感谢！长春市人民政府外事办公室的欧硕先生、赵欢迎先生、朱思然女士，将中国长春冰雪马拉松与国际各友好城市成功对接，使之成为真正意义的完全市场化国际友谊赛事。感谢！袁吉老师，多年来对长春冰雪马拉松的无私奉献和专业指导，让该赛事能成功顺利地走到今天，使其一直在引领，从未被超越。感谢！全体支持和帮助过该赛事的朋友们，因你们的参与让长春冰雪马拉松成为全国冬季最具影响力，运营口碑最佳，市场信誉最好，安全保障最高的品牌赛事。最终感谢！魏亚楠，能将每一场马拉松，视作一次人生，无论多艰难，都从未放弃过，我不忍让她的故事消逝在时间的长河中。

愿！我此生终结，在奔跑途中。

目录

魏亚楠传

跑得有你

泉

远草已黄，近草更青。阳光洒进雨后的山坳，天地清新，一束红缀在鲜绿的山坡上，如战地红旗，远远地摇曳。

"妈妈……你看这是什么，这是金牌，我刚拿的，我现在是马拉松冠军了，还得了很多奖金。如果你现在活着多好，我有钱能给你治病了，别人都说我是个特别有天赋的马拉松运动员，我将来还要做奥运冠军，拿奥运金牌给你看，你会看到你女儿有这一天，看着你女儿的辉煌。妈，我以后能赚很多钱；妈，我想让你活着；妈，我能让你享福……妈……"

湿润的空气催化着泪水加速坠向泥土，草地的露珠帮助泪水变成小河，小河带着故事流向妈妈。魏亚楠穿着一身鲜艳的国服，站在妈妈的坟前，很久。

很久，山风送来幻听"小搂吧，饭做好了，小搂吧，快回家吃饭……"魏亚楠转身望向山坳里的小村庄，一缕缕炊烟映衬着村庄的温馨，这既熟悉又遥远的呼唤在山间回荡，伴随着晨烟攀向空中，似小山村在对白云呼唤，"小搂吧、小搂吧……"

"小搂吧"也不知从何时起开始叫"小搂吧"，"小搂吧"更记不起是谁开始叫她"小搂吧"，只记得谁喊"小搂吧"这三个字，她就会飞快地跑过去，证明她就是"小搂吧"。

"小搂吧"，来啊！跟奶奶上山挖野菜。

"小搂吧"，走啊！哥带你到厂里找爸去。

"小搂吧"，去吧！去帮妈妈放小鹅。

"小搂吧"，慢点跑！

"小搂吧"……

那时的小山村，如果你仔细听，每天都会有人喊"小搂吧"。小山村也不在意，它想不到多年后会因"小搂吧"而出名，小山村的名字不仅因"小搂吧"上了报纸，还上了电视，小山村外面的人都夸这里"人杰"，小山村里面的人却说"人杰"是因为"地灵"。小山村骄傲自己的名字叫"中心村"，"中心村"喜欢自己在"五道杠乡"，"五道杠乡"知道自己在"东丰县"，人们从吉林省地图上能找到"东丰县"在"辽源市"的东南部地区，当"小搂吧"拿了很多世界冠军后，"东丰县"的人说：

"你们看魏亚楠跑起来像不像一只小鹿？又轻、又快，因为我们这里是梅花鹿乡嘛!"

"小搂吧"快乐地从幼年跑进中心村小学，中心村小学的校舍是一排北方常见的普通砖瓦平房，平房前面是一片简易的砂石操场，据说这所小学现在仍在使用。刚入学时，"小搂吧"由于比同龄人个子矮，班主任李淑琴老师不知道"小搂吧"的特长是跑得快，便鼓励她参加学校的文艺队，学习唱歌、跳舞。但囊锥露颖，三年级时就被体育老师要求与五、六年级的哥哥、姐姐们一起在操场上跑圈。学校操场没有跑道，只有砂石地，这条件根本没耽误"小搂吧"证明自己跑得快，和高年级的哥哥、姐姐们跑个两千米、三千米，一点也不落后。虽然不落后，但毕竟年龄小，个子矮，仅能作为校体育队的候补队员一起训练。

候补就候补吧！只要能和哥哥、姐姐们在一起就开心，训练结束后，大家都喜欢带着"小搂吧"一起玩，有好吃的也先分给"小搂吧"。"小搂吧"是个懂得感恩的孩子，心里常想着有机会要报答哥哥、姐姐们。在命运的安排下，"小搂吧"很快就得到了机会，加入校体育队不久，以候补队员的身份和哥哥、姐姐们参加了东丰县学生运动会，首次来到这样大的赛场，三年级的"小搂吧"是以跟着玩、学习和帮忙的心态来参加的，没想到临近小学女子组1500米项目检录时，学姐因生理期突至不能参加比赛，老师临时决定让"小搂吧"替补参赛，"小搂吧"也很愿意帮这个忙，在1500米起跑线上一个瘦小的身影，挤在了比她高大很多的姐姐们中间。姐姐们没在意，老师们也没在意，观众更没在意，只有"小搂吧"很在意，她决定要全力帮助学姐跑完这场1500米比赛。枪响后的五分十五秒，"小搂吧"第一个冲过终点线，观众惊讶了，这个小丫头怎么跑得这么快；学姐们惊讶了，这个小师妹竟然得了第一名；老师们惊讶了，这个"小搂吧"神奇打破了东丰县五分十七秒的小学组女子1500米纪录。一跑惊人，带队老师让"小搂吧"继续参加800米项目，再跑更惊人，"小搂吧"以不到两分三十秒的成绩，打破了东丰县尘封十五年的小学女子组赛会纪录，时隔多年后的每一次回忆，"小搂吧"还能想起那天在运动会主席台上谢丽华老师发出的感慨语气。在场所有人都意识到他们看到了天赋，在这位身高不到一米四的瘦弱小丫头身上，蕴藏着超人的长跑天赋，她的未来绝不会属于这里。很快"小搂吧"便收到来自众多体育院校的邀请，东丰县体校、梅河口体校、长春市体育运动学校等都向她伸出橄榄枝，最后在姥爷的指导下，她选择长春市体育运动学校。姥爷在辽源市，是位数学老师，为了让外孙女得到更好的教育，毅然选择吉林省的省会长春。"小搂吧"凭借长跑天赋，跑出小山村，一跃来到长春市。

"小搂吧"从小山村开始跑，跑过了无数个风霜雨雪；跑落了无数次日月云霞；跑坏了无数双崭新跑鞋；跑丢了无数滴血泪汗水。"小搂吧"将家乡、童年、母校和妈妈远远地落在了身后，当听到妈妈离世的消息时，她偷偷地把妈妈装在心里继续向前奔跑，只有当累的时候，受委屈的时候，或夜深人静的时候，才悄悄地回到心里看一眼妈妈，在梦里喊一声"妈"。直到跑上人生的第一个国际马拉松冠军领奖台，在奖台上、在鲜花中、在记者前，脑袋还蒙蒙的，不知道应该想些什么，那一刻"小搂吧"最想的，还是妈妈。

2000年北京国际马拉松刚结束不久，魏亚楠离京后第一个目的地就是家乡，回到妈妈身边，急于把这个喜讯告诉妈妈。这是魏亚楠人生第一个辉煌，此刻她也突然理解了为什么妈妈给她起名叫魏辉。在这场比赛中，魏亚楠以两小时二十六分三十四秒的成绩完成全马，作为刚出道不满20岁的新人，首赛即夺得北京国际马拉松女子组冠军，一时震惊体育界，各大媒体争相报道。她犹如一只突然蹿出森林的小鹿，飞奔在广袤的草原上，吸引了所有动物的目光。当时诸多国内外知名教练即预言，中国长跑界的一颗新星已升起。

5

北京国际马拉松

　　2002年的北京国际马拉松，是我人生中参加的所有马拉松比赛当中，最辉煌、最巅峰的一场。这场比赛我用时两小时二十分二十三秒，这个成绩在当年世界女子马拉松排名第一，位居世界女子马拉松历史排名第四。当晚，我虽然身体极度疲劳，但突如其来的成就感导致的兴奋，使我一夜未眠，想到这么多年的付出终于有了回报，连我自己都崇拜自己，像做了一场梦，很辛苦，究竟是怎么熬过来的，感慨万千，过去的一切突然遥远，今天的自己完全换了一个人生，从默默无闻到受人瞩目，从每天单调的训练，到赛后整个下午的记者采访、各个公司的邀约和品牌代言洽谈，这一切的经历，究竟是谁的？这个人难道真的是个名人？是位明星？那个时候真的是年龄非常小，不知道跑马拉松还能带来这么多的荣誉和回报，自己还能成为名人。虽然2000年我就得过北京马拉松冠军，那也是一场高水平比赛，但是成绩没有在世界体坛中显现出来。2002年的成绩在世界体坛中确实显现出了高水平，这场比赛之后，我肯定是要参加亚运会，甚至是奥运会的。

这次比赛，教练组给我设定的基本配速是三分二十秒，然后按照这个配速跑完全程马拉松。教练给我安排了陪跑员，就是我个人的"兔子"，我们管陪跑员都叫"兔子"。我那时候参加比赛都要有两三名陪跑员，有吉林省队的，也有八一队的，还有国家队的，都是男队员。这些男队员们，他们也都是按照教练布置的配速来跑全程，一般都是两小时二十分左右的水平，要是跑好了就能破两小时二十分。那一场我的对手是孙英杰，最终她取得了第二名的成绩，我快了她一分钟左右。那时候我还算是名小队员，2000年刚出道参加的比赛，到2002年还是一个非常年轻的运动员。在比赛之前，教练组给我设定的对手就是她，让我不要紧跟着她，因为那个时候我的专项是五公里、十公里、半马，我在这类专项上的水平非常高，但是让我去赢得全马比赛，还是有难度的。所以教练组是让我跟在她后面，让她可以看到我跟得很近，但又甩不掉我，她的心理状态就会非常紧张，让我等到36公里的时候再开始慢慢靠近她。这场比赛不是冲最后195米那场，2000年那场是冲最后195米。这场比赛我是36公里处就把她超越了，然后越落她越远，我也越跑越兴奋。这场比赛我全程都没有疲劳感，即使是在大家常说的30公里"鬼门关"，也没有感到疲劳。这场比赛我真是印象非常深刻，现在回想起来根本没有遇到困难期，只有越跑越快，大家都说，看魏亚楠是以跑200米的速度进行最后百米冲刺，那个步幅，那个技术，真是越跑越快，越跑越顺。通过这场比赛获取的经验，我想告诉每个马拉松运动员，无论是业余选手，还是专业选手，就是要根据平时的训练水平，来制定比赛时的每一公里配速计划，不能在前面跑得特别快，超越了原有的训练能力，这样的话到30公里处，甚至不到30公里处体能就会过早地消耗完了，到最后等于是靠肌肉和脂肪代谢，那种代谢一定是很慢的，马拉松运动其实就是一个体能代谢的项目，一定要将体能保持到最后，不能把自己给跑僵了，我们应该先慢后快，越跑越快。正因为如此，我才能用这样的精神状态和竞技状态完成这场比赛。所以我希望所有的长跑爱好者们要按照自己平时的能力，来制定自己比赛的配速，马拉松运动员比赛时都是参考平时训练配速来制定比赛计划的。

这次比赛，当我跑到40公里处的时候，已经意识到自己是这场比赛的冠军了，我在心里就开始采访我自己，设想到了终点记者采访我的时候该怎么说，怎样谈自己的感受。当冲过终点那一刻，作为一名马拉松运动员，我意识到这场比赛完成得非常顺利，但也非常疲惫，因为跑得特别好嘛，那种兴奋加上提前的心理准备，等到登上领奖台时，那种兴奋已经完全将疲劳代替。登上冠军领奖台的时候，我记得颁奖领导先给我们每人佩戴一个鲜花编的花环，然后再颁发奖牌和奖杯什么的，领奖台上有我、孙英杰、张淑晶，张淑晶也是吉林队的，我是搂着她们两个人的肩膀，一起领完奖照相的。当时记者采访我的时候，问我达到这个成绩有什么感受。我告诉记者，这个成绩在比赛之前其实已经有所预料，因为我陪跑的队友在教练员的要求下就是按这个速度跑的。当时，我们领导，国家体委领队田晓君，他也一直跟着我，现在我最想说的就是感谢，真的感谢他们所有人，那个时候我除了高兴还是高兴，没有太多个人的想法。这次比赛我在现场的时候没有流泪，当我晚上回到寝室，躺在床上的时候，我是真的哭了，我当时具体为什么哭呢？我也说不清楚，原因有很多，我也想到了很多，想到了自己的成绩是当年世界排名第一，想到了被那么多记者围着采访，想到了我妈妈，那种就是想哭的感觉完全忍不住。

溪

魏亚楠小学四年级离开小山村，离开妈妈，独自一人来到长春市，在长春市体育运动学校参训，自己也说不清到大城市有什么好？在哪学习不是学习？在哪跑不是跑？只知道应该听老师的话，听家长的话，他们说都是为了她好。她把"小搂吧"这个名字留在了家乡，从这时起，认识她的人都叫她魏辉，在体育运动学校每个人都会有外号，没过多久就有同学开始叫她骨灰了，魏辉也不介意。直到三年后，妈妈突然离世，她才对自己的外号开始反感，连带魏辉这个名字，所以她下定决心改名叫魏亚男，寓意不亚于男人。由于妈妈已不在世，她便跑去辽源市老姨家商议改名，老姨是高中老师，姨父是高中校长，魏辉在姨父的支持下成功改名为魏亚男。等到由八一体工队军转退役时，在吉林省地方落户之际，魏亚男又把自己的名字改为魏亚楠，取楠木高贵之意。

魏亚楠的爷爷家是农村户口，爸爸在家排行老三，上面有一个姐姐、一个哥哥，下面有一个妹妹，兄妹四人。爸爸当时在镇里的农机厂工作，后来自己开了一个水电焊修配厂；妈妈在家排行也是老三，上面有一个哥哥、一个姐姐，下面有一个妹妹、一个弟弟，兄妹五人，妈妈当时在镇里的面粉加工厂上班。妈妈虽然跟着爸爸在农村生活，却一直保留着城市户口，因此魏亚楠和哥哥也跟着妈妈是城市户口，妈妈的亲属基本在辽源市生活和工作，都是辽源市教育行业的知识分子，姥爷在辽源市是一位受人尊敬的数学老师，所以姥爷深知吉林省教育资源最好的地方就是长春市。当时姥爷的本意并不是想让外孙女从事体育专业，他说从事体育太辛苦、难成才，希望外孙女将来也能成为一名受人尊敬的人民教师，此次能去长春学习机会难得。在城市与乡村结合的家庭环境中，魏亚楠形成了与身边孩子们不同的性格，她既有城市孩子的聪明和机灵，又有乡村孩子的坚韧和朴实，看着魏亚楠长大的老人们都夸她从小做事利索，爱干净。

千里马常有，伯乐不常有。魏亚楠能得到这个机会，要感谢她命运中出现的第一位伯乐，也是她的启蒙老师，佟友亮老师。佟老师是前八一体工队的教练，正团级干部。为人正直忠厚，亲自带出过许多优秀选手。他为了照顾家庭，从北京八一体工队调回长春市体育运动学校当教练，由于佟老师也是吉林省东丰县人，在小魏亚楠连续打破县纪录不久后，佟老师便闻讯从长春市赶到中心村小学，了解小魏亚楠的具体情况。佟老师先让她在学校操场简单跑几圈，发现她在高速奔跑时姿势很漂亮，体态轻盈，不发蛮力，虽然身材不高，体形纤细，但小腿跟腱部位的长度与普通孩子截然不同，如果不精确地形容，假设整条小腿一米长，那么跟腱的长度就能有八十厘米。这在一位多年从事职业体育教练的眼里，面前摆着的就是一块璞玉，如果能好好打磨，将来一定会在这个领域光耀世人。那时候魏亚楠没想太多，也没想太远，佟老师跟学校和家长商议后，离开东丰县便四处奔波，积极地为能把这棵好苗子移植到长春，寻找合适的栽培土壤。佟老师惜才、爱才，争取了当时他所能争取到的最好条件，魏亚楠也没有让佟老师失望，走出了佟老师期望的这一步，可谓感谢恩师指路。此后，魏亚楠在她的体育职业生涯中每当面临选择之际，都要去拜访这位恩师，听从恩师的意见，即使在退役转业后，魏亚楠每年也要定期去看望佟老师。尤其在2021年，已87岁高龄的佟老师两次因病住院需要医治，都是由魏亚楠亲自在医院负责安排照顾，全力确保恩师在治疗期间的医食起居，直到病愈出院。

魏亚楠独自一人在长春学习生活期间，佟老师在训练方面很关照她，佟老师是那个时代为数不多讲究科学训练的教练之一。由于魏亚楠年纪太小，虽然有天赋，但佟老师并不会盲目地在训练计划上给她加量，只要能适应最初的训练节奏就好。即使这样，魏亚楠也是咬牙才挺过了最初的训练适应期，因为腿部肌肉没有那么大的承受能力，导致初训后胫骨疼得都不敢走路。除训练以外，佟老师在生活方面也非常照顾她，他知道长跑训练体能消耗量大，怕魏亚楠在学校食堂吃不饱，佟老师经常单独给她拿吃的。魏亚楠回忆，当时最喜欢的还是佟老师给她拿的华丰牌方便面，那时候方便面和今天方便面的美食地位截然不一样，方便面当时算是最受孩子们欢迎的主食和零食。小魏亚楠常把没打开包装袋的方便面揉碎，带在上学和放学的途中，坐着公交车慢慢吃，或骑着自行车慢慢吃。佟老师经常夸魏亚楠有天赋，鼓励她要上进，将来可以通过跑步上大学。因佟老师对自己从小到大的关照，时至今日，魏亚楠无论在任何场合，在任何人面前提起恩师，都常敬赞其亲如爷爷。

魏亚楠初到长春时文化课就读于朝阳区西安大路小学五年级，住宿于长春市体育运动学校。当同龄孩子仍在梦乡等待甜美的早餐时，她已于早五点十五分准时起床，五点半来到操场开始晨练，而且是一周七天都要晨练，每天的训练强度、速度和跑量会有所区别，一般平日跑量为六公里，周末跑量为八公里。晨练结束后，六点半到食堂吃早餐，七点乘坐六十四路有轨电车，坐四站到西安大路小学。上午课程结束，中午返回长春市体育运动学校，十一点半吃午餐，午餐是八个人的围桌，同桌用餐都是18岁到20岁的大哥哥和大姐姐，正是最能吃的年纪，用餐期间互不相让，而且每次只有四个菜，小魏亚楠每餐都要和这些大孩子们抢着吃。吃完午饭，再回到西安大路小学继续上课，下午放学后，再返回体校参加下午的训练，下午课程内容主要是增加腰肌、腹肌和小关节力量等方面的素质训练。魏亚楠从小就是急性子，不想因为迟到成为老师和同学的目光焦点，每天都在赶车的路上以跑代走，经常是夏天一身汗，冬天摔跟头，总是弄得膝盖伤痕累累。摔得最惨的一次是，冬天路滑，魏亚楠边嚼着方便面边跑，一个不留神，方便面脱手而出远远地撒了一地，重重地摔倒声，引得路人都驻足关心询问，魏亚楠口中边说着"没事，没事"，眼睛边恋恋不舍地望着撒在地上的方便面，坚强地站起来继续赶路，腿上的疼痛可以忍受，但撒在地上的方便面，却让她心疼得流出了眼泪，下午回到宿舍才发现膝盖全破了，凝固的血液已将膝盖和裤子粘在一起。

这样的生活对于刚从农村走进城市，且举目无亲的小魏亚楠来说，的确难以适应，那时更让她难以适应的是身处城市孩子中间，内心既胆怯又自卑，单从穿着上看差异就很大，由于强烈的自尊心，魏亚楠会用谎言去应对种种奇怪的问题，且经常遭到城市孩子的嘲笑，这样更加剧了她内心的痛苦。因我们国家对乒乓球运动的重视程度优于其他体育项目，乒乓球项目在国际上也率先取得了好成绩，所以很多条件优越的城市家庭喜欢让自己孩子在乒乓球运动上努力，魏亚楠刚到长春市体育运动学校就是和这些孩子们住在一起。初期，由于白天受委屈，几乎每天晚上都会流泪，常孤独地想爸爸、想妈妈、想哥哥、想小山村、想回家，想离开这个不属于自己的地方。一个五年级的小女孩，只身来到长春，不仅要独自面对训练任务和学习压力，还要自己处理生活难题。直到今天，第一次洗床单和被罩的艰辛仍让魏亚楠心有余悸，同寝的孩子由于家离得近，都是把用过的床品带走交给家长洗，而她没有那个条件，只能自己接一大盆冷水，用小手仔细搓遍床单和被罩的每一处，这一洗就是两个多小时，经过水泡的床单和被罩实在太重了，也太凉了，单薄的身材，稚嫩的小手，难以承受，如果上午不能洗出来，及时晾晒出去，晚上睡觉就没有可用的床品啦，面对几乎能装下自己的巨大洗衣盆，她别无他法，只能一边洗一边哭，洗不动啊！那是真的洗不动。

经历了这些同龄人所不能承受的辛苦，魏亚楠清晰了自己的奋斗目标，所以在训练时加倍努力毫不动摇。小孩子都有虚荣心，互相攀比，女孩子们更是天性如此，在学校喜欢分享零食，喜欢互相换衣服穿，魏亚楠从来不参与，因为自己除了方便面，没有零食可以分享，更没有好衣服和她们换穿，她把心思全部放在训练上，所以显得颇不合群。教练会比较队员的努力训练程度，一起训练的小队友们怕教练，所以经常劝魏亚楠，少练会儿，偷点儿懒，并承诺训练结束后带她一起玩，虽然很想跟她们一起玩，但一想到要敷衍训练计划，她就会心有不甘地拒绝。她不配合的结果是，经常会遭到小队友的排斥和谩骂，甚至在操场上的跑步训练过程中，小队友边跑边跟在她身后骂。即使在训练结束后，小队友们也都抱团不理她，她没办法，只能独自承受，唯一可以倾诉的好朋友，就是离家那天装进书包里的漂亮日记本，所有的委屈和孤独，在夜深人静的时候，漂亮日记本都会默默地替魏亚楠承受下来。

长期如此，魏亚楠在这些方面逐渐无所谓了，每天都过得毫无杂念，就是想着如何用心完成教练布置的训练计划，单调的学业日复一日地重复。第二学期，魏亚楠就以优异的成绩报答了教练的器重和培养，为自己的努力赢得了回报，更赢得了关注。魏亚楠是以1500米五分十五秒的成绩被佟老师关注的。经过半年训练，五年级下学期成绩就提升到四分五十八秒，打破五分钟大关，上升一个级别。小学六年级时，1500米的成绩又提升到四分五十二秒，800米的成绩则达到两分二十二秒。第一次参加朝阳区小学生运动会，便打破赛会纪录。此后每一场重要比赛都常以破纪录的成绩获胜，她仅在小学五年级和六年级阶段，便拥有了小学女子800米、1500米、3000米的统御地位，并在接连进行的比赛中不断刷新自己创造的纪录。多年以后，等到魏亚楠于长春市体育运动学校毕业时，1500米的成绩已达到四分十七秒，直到今天，吉林省女子5000米和女子万米的纪录仍由魏亚楠保持着。

两年的独立生活匆匆跑过，魏亚楠适应的一切，小学即将毕业，步入中学校园，由于她不仅体育成绩出色，文化课成绩也十分优秀，考试排名从没出过班级前十，这种文体双优的孩子，在体育生中很少见。长春市很多知名中学都向魏亚楠发出邀请，其中争抢最激烈的两所学校是吉大附中和长春市一〇四中学，最终魏亚楠选择了长春市南关区的一〇四中学，后来很多人都替她感到惋惜，为什么没选择吉大附中？除了自己，他人都不知道的是，魏亚楠选择长春市一〇四中学有自己的苦衷。两年小学通勤赶车的生活经历，让魏亚楠早就想拥有一辆属于自己的自行车，这样每天不用辛苦追赶有轨电车，还能节省月票钱，当时购买一辆自行车的费用，几乎相当于一名政府公务员的月薪，懂事的她不愿向父母要这笔钱，怕让父母为难，恰巧一〇四中学开出的招收条件中承诺，如果能到本校上学，可以特别赠送一辆自行车当作交通工具，正是这个原因，她才选择了长春市一〇四中学。要知道那时候她每次放寒暑假回家，都是先乘火车坐到东丰县南站，从东丰县南站到中心村的距离有10公里，虽然有公共汽车可以乘坐，但需花费一元钱，上小学的魏亚楠为了节省这一元钱，每次都会选择背着妈妈给买的牛仔双肩书包并提着其他大行李，步行10公里走回家。所以，她在长春上学期间，每当要购买学生公交车月票时，都会非常心疼这笔交通支出，那时候她每月生活费只有150元，其中90元还要交给食堂作为餐费，剩下的零花钱每天不足两元，如果再购买公交车月票，自己每月的零花钱所剩无几。但魏亚楠从不抱怨，她知道家里每月能拿出这些钱已经很不容易了，所以从小就养成了节俭的好习惯。那时魏亚楠的哥哥刚刚进入部队当兵，每月也需要用钱，家里经济状况很紧张。魏亚楠的妈妈由于在面粉加工厂上班，常年的粉尘环境，导致气管不好，总是咳嗽，尤其到冬天最难熬，咳嗽厉害时，常把被褥放在炕沿，趴在被褥上，撅在炕边咳嗽，每到这时，魏亚楠都会立即跑过去，帮妈妈顺气，保持这个姿势能让妈妈舒服些。魏亚楠的妈妈虽然身体一直不好，但为了节约生活开支，从来不去医院看病，即使临终前在身体最难受的时候，也只找了一位没有资质的中医老大夫，用针灸的办法缓解病情，最终因没及时得到有效治疗，在魏亚楠即将小学毕业时离开了人世，直到今天，魏亚楠每次想起妈妈时还常念叨："如果那时候家里有钱，我妈死不了。"

魏亚楠清晰地记得，那一年，佟老师突然在上课时间找她，让她回一趟辽源市姥爷家，她当时很不理解。佟老师只是简单地说："你姥爷想你了"，魏亚楠虽然预感到可能是发生了什么事情，但自己也没有往坏处去想。回到辽源市姥爷家后，是大舅带着她来到东丰县医院，看见病危的妈妈，魏亚楠哪儿也不想去了，不想再回到长春继续上学，她突然意识到和妈妈在一起的时间是那么少，现在只想守在妈妈身边，再也不离开妈妈了。在妈妈最后的日子里，魏亚楠天天哭，直哭到妈妈被推走的那一刻，因为年龄小，不理解，妈妈已经在医院啦！为什么还有治不好的病啊？妈妈还没有老！为什么会死？为什么偏偏是自己的妈妈？妈妈没有了，以后的生活怎么办啊？魏亚楠陪伴妈妈二十余天，最终妈妈在年仅42岁时，离开了孤独拼搏的女儿，医院给出的结论是，常年的气管炎，导致心肺综合征，引发心脏衰竭而离世。因为这段时期没有规律的生活和巨大的精神压力，魏亚楠患上了严重的神经衰弱，后来通过一年半的药物治疗才渐渐有所缓解，她能够成功康复，离不开三位老师的悉心照顾。一位是佟老师，他对待魏亚楠就像对自己家孩子一样，缺什么都从自己家里拿，由于魏亚楠的妈妈已经不在了，到了冬天换厚被的季节，佟老师就把自己家的厚被拿给魏亚楠。为了给她补身体，佟老师还经常从家里拿鸡蛋和水果等营养食品送给她。另一位是西安大路小学班主任邢老师，她是位女老师，对魏亚楠特别好，可以说是适时填补了魏亚楠失去妈妈后心理上母爱的空白，邢老师经常在他人面前夸奖魏亚楠，由于文体双全，品学兼优，在班级里以魏亚楠为榜样，号召其他同学向她学习。邢老师自己的女儿和魏亚楠年龄相仿，邢老师经常把自己女儿的衣服送给魏亚楠，让她在换季时，不再为换装而烦恼。还有一位伊老师，对魏亚楠帮助也很大，他是魏亚楠在西安大路小学的体育老师，他总戴着副眼镜，脸胖胖的，岁数看起来比较大，他也经常给魏亚楠买吃的，在学校里及时帮助魏亚楠解决各方面的困难。

波士顿马拉松

波士顿马拉松是在2002年北京国际马拉松之前举办的，其实那个时候我还没有达到那么高的水平，但也具备了两小时二十四分以内的实力。大家都知道，波士顿马拉松是全世界六大马拉松之首，从1897年开始举办，是全世界最古老的城市马拉松，每年都会在四月份的第三个星期一举办。我们作为被邀请的国际选手参加比赛，当年参赛的马拉松运动员世界排名至少是前十位以内，才会被邀请参加，赛事举办方会给我们一定的出场费。参加2001年波士顿马拉松的时候我刚出道不久，对于参加国际大赛没有太多的经验，甚至对赛前的饮食我都没有什么经验。第一次去欧美国家参赛，虽然住的酒店非常豪华，主办方对我们的接待也非常好。但那里的西餐厅和国内西餐厅完全不一样，印象最深的就是我在当地西餐厅吃不到什么东西，有些食品的味道我都闻不了，我只能吃几片像锅巴一样的食物，再吃一点青菜，说实话，其他的就没有什么我能吃的了。那一次是刘文俊教练带队，他带着我和另一名师姐去的，刘教练说我就是太紧张了，属于大赛紧张，导致连饭都吃不进去。我那个时候特别年轻，根本不懂得什么是紧张，我说不是紧张，是真的吃不进去，吃到嘴里就恶心，所以那时候只能回到房间吃自己带的方便面和榨菜。由于不知道美国是这种情况，也没有多带一些自己能吃舒服的食品，然后那几天基本上就是吃方便面、榨菜、薯片和饼干之类的食物。

我们是提前两天到的，第三天参加比赛，组委会安排时间让我们去玩，我们也没有心情去，只想着打好比赛，还有到哪儿能吃饱，所以我们就东一口、西一口的，甚至连海鲜都吃了。等到比赛那天凌晨出发时，突然发现分泌代谢出问题了，肚子一直咕噜咕噜响，坚持到比赛快开始的时候，我真的憋不住了，只想上厕所，这可怎么办呢？心里很挣扎，我在第一团队，路边虽然有厕所，但是不能去啊，如果去了就会影响成绩。记得我们去的时候，那边天气还不热，我还戴着白手套，因为那个气温戴着手套跑不会凉。当我跑到25公里处，就忍不住了，先降了一些速度，然后开始往裤兜里拉一些，释放一点压力，由于非常不好意思就这样拉出去，拿白手套擦拭一下，就扔到路边，拉一次以后真是再也憋不住了，我也豁出去了，边跑边拉，拉出的水就顺着腿往下流，我当时真的想停下来，因为这个排泄物流到鞋里摩擦让脚起泡，脚落地时疼痛真的难以忍受，根本就跑不下去了，内心的煎熬无法形容。

波士顿马拉松的氛围非常好，一路有掌声，每一刻都会有人给你鼓掌，赛道两旁一直都有人，参赛的运动员都是黑人和白人，只有我一个黄皮肤的人，我是代表国家来参赛的，不管怎么样，我得坚持下去跑完比赛，我两只脚全有血泡，每蹬一步血泡都会剧痛，更无暇顾及砢磣、丢脸或不好意思了，就这样，我用了两小时二十九分多，获得了第六名。虽然那场比赛我没拿到更好的成绩，没有进入前三名，但是，我的坚持不懈，我的意志品质，赢得了在场所有人对我的尊重，其实那不是对我个人的尊重，人家喊的是CHINA，人家给我加油的时候也没喊我名字，他们也不知道我的名字，都在喊CHINA，加油！赛事组当时都是美国人，我跑到终点时，掌声特别热烈，很多人给我竖大拇指，我自己浑身脏兮兮的，特别不好意思，一直低着头，工作人员马上过来用浴巾给我包上，他们给我包裹了好几条浴巾，随后就有人领着我去冲洗，当我把鞋脱下来，看到两只脚上全是大血泡，有的大血泡都跑破了，那钻心的疼痛终生难忘。在那场波士顿马拉松比赛中，如果不是出现这种状况，我是有希望夺冠的，最差也能进前三名啊！因为那届比赛第一名跑了两小时二十三分多，2001

年我已经达到两小时二十四分以内的水平。

　　这场比赛我一辈子都不会忘记，当时根本不好意思看别人，怕自己给国家丢脸，怕被人嘲笑，这可太难了。比赛结束以后，刘教练没有批评我，他说遇到这种情况能坚持跑完比赛就已经很好了。但比赛中出现了这样的情况，我真的很自责，我不断地问自己，怎么会把自己吃拉肚子呢？哪怕不吃，即使饿着，也不能这样啊！我真恨我自己，如果不发生这种情况，我很有希望进前三名啊！后来我分析就是吃不惯当地的奶制品，原本我喝牛奶都拉肚子，我吃的奶制品更纯，蛋白含量更高，蛋白本身就不容易消化，现在看来原因就是这个。

河

　　魏亚楠从长春市朝阳区西安大路小学毕业，因一辆自行车，选择了长春市南关区一〇四中学，一〇四中学虽然也属于长春市重点学校，但和吉林大学附属中学相比还是稍显逊色。这不能责怪魏亚楠目光短浅，在当时的家庭经济条件背景下，这辆自行车是她期待已久的"小目标"，至今她都清楚地记得，那是一辆二六型号红色女式斜梁坤车，如果这辆自行车能骑行在家乡中心村的小路上，不亚于今天一位年轻女孩开着红色宝马轿车回村招摇过市。这辆自行车也是魏亚楠人生中第一份通过自己努力获得的个人财产，好比一位优秀的骑士，通过多年的拼死搏杀，终于获得国王的赞赏，并获赐一匹宝马良驹，而这个王国就是长春市一〇四中学，魏亚楠从这辆自行车开始，逐渐地喜欢上这所学校。不仅如此，一〇四中学还免除了魏亚楠在校就读期间的全部费用，以及提供了许多特殊便利条件，比如在训练紧张或备赛阶段，她可以只上半天课，以保障下午回到长春市体育运动学校的训练时间。除此之外，一〇四中学的体育老师杨清臣老师也对魏亚楠格外关照，学校里组织的很多好事都先想着她。文化课方面，魏亚楠也很努力，由于训练紧张，学习的时间比同班同学少很多，为弥补学习时间不足的问题，她从初中一年级就开始利用碎片化时间学习，比如背英语单词，她就经常把要背的单词写到手上，在骑自行车往返两个学校之间通勤的路上背，因此每次英语考试，成绩都能保持在90分左右，这令她的班主任老师大为赞赏，并在班级里经常夸魏亚楠学习和训练两不耽误，值得大家学习。

魏亚楠到中学阶段对待训练任务更加用心刻苦，每天晨练距离提升到8公里以上，下午的训练课也增加了专项强度，全天练下来疲劳度远大于小学阶段。妈妈离世让她的性格改变很大，她更加明确了自己的人生目标，暗下决心一定要靠跑步出人头地，多拿冠军，找份好工作，赚很多钱，以后不再让家人生病时连就医买药的钱都没有，不再让别人瞧不起。从那时起，魏亚楠开始有了训练强迫症，每天除了要完成教练布置的训练任务，自己还要设定训练任务，如果想偷懒放弃当天的训练目标，就会咒自己，骂自己，强迫自己完成当天的训练计划。尤其她进入青春期，身体开始发胖，她对自己的训练更加严苛，因为此时她已明确地知道，作为一名长跑运动员，如果不能构建强大的内心世界，在每天长达数小时枯燥的训练过程中，身体的疲惫或者其他莫名原因，会使心理产生很大变化，凡遇到此类情况，如不能及时强力逼迫自己，就很容易向懒惰妥协。从那时起，这种强迫症一直伴随着魏亚楠的专项运动生涯，直到她退役那天。魏亚楠通过不断地刻苦训练，中学时期的专项成绩也在显著提升：初一时800米成绩达到两分十八秒，3000米成绩为十分十五秒，1500米成绩突破了四分五十秒瓶颈、达到四分四十五秒；初二时又提升到四分四十二秒。不要小看这几秒的差异，有多少运动员就停滞在这个成绩上，任其成为本人的终生PB（个人最好成绩）。

自从妈妈去世后，魏亚楠就很少回家，妈妈在世时，每个假期她都要第一时间跑回妈妈身边。当她过年第一次回到没有妈妈的家时，回想起曾经充满生机的院子、整洁干净的室内环境、摆放有序的物品，而眼前看到的却是，爸爸一个人独居在这个略显凌乱的家，一阵心酸让魏亚楠差点夺门而出，如果不是为了回家看看爸爸和哥哥，她再也不想走进这个充满童年回忆的家。曾经的温馨和眼前的凄凉，她难以接受。过年后小住几日，哥哥需按时返回部队，魏亚楠便决定去辽源市的姥爷家，临走前爸爸特意和她谈了一次自己今后的打算，表示希望能再有个家，自己一个人这样生活下去不是办法，她也没有听爸爸过多的解释，当即便同意了。后来爸爸按照自己的意愿又找到一位老伴，至今仍生活在一起，魏亚楠退役转业参加工作后，当她不忙时，会接两位老人来家里住上一阵，让老人能和孩子在一起尽享天伦。

魏亚楠的爸爸再次成家后，她和哥哥都很少回家，这样做并不是对爸爸选择的排斥，或是对陪伴爸爸的阿姨不尊重，而是他们都不希望对那个家，从儿时开始积累的印象，被新的记忆覆盖，因为儿时印象中那个家里有妈妈。妹妹选择把学校当作家，哥哥选择把部队当作家，兄妹俩虽相距很远，妹妹在长春上学，哥哥在唐山当兵，但兄妹俩的心却更近了。哥哥比妹妹大五岁，每逢哥哥部队有假期，必来长春看妹妹，而且出发前还会用为数不多的战士津贴，给妹妹买好吃的唐山特产。在妹妹吃过的诸多唐山特产里，最喜欢的就是唐山麻糖，妹妹现在回想起来，还很感慨当时的味道咋那么好。成年以后，为了寻回年少时哥哥带给她的那种香甜味道，妹妹尝遍唐山麻糖，甚至跑遍唐山各家号称最正宗的特产店购买麻糖，却再也品不出那时候哥哥带给她的味道，等到放弃这份执念时她已明白，这种融入亲情的味道只属于那段时期，像妈妈一样永远地遗留在回忆中，不可拾。

魏亚楠在长春市一〇四中学，读到初中二年级的时候，长春市体育运动学校由生物制品研究所附近搬迁到南岭体育场附近。哥哥每次来长春看妹妹，都会住在南岭体育场东边的气象仪器厂招待所，哥哥喜欢那里干净整洁的卫生环境，入住后第一件事，就是先把带给妹妹的礼物摆放在桌子上，等待欣赏妹妹进门后惊喜时高兴的表情。兄妹俩见面后总有说不完的话题、聊不完的经历，有段时间妹妹发觉哥哥开始关心她是否交往男朋友的问题，几乎每次来长春都要问，并且常以长辈的口吻对妹妹说："小妹啊！你是个女生，你要是找男朋友，一定要跟哥说，你可不能乱处对象啊！你现在一定要好好训练。"妹妹虽然感觉哥哥的话题很搞笑，但是也认真听哥哥的话，因为妹妹知道现在这个世界上最关心她的人是哥哥，此时哥哥已完全占据了妹妹心目中家庭长辈的位置。所以每当聊到这类话题，妹妹都会耐心地回答："哥，放心吧！我知道。"妹妹最喜欢让哥哥骑自行车带她出去玩，路上可以和哥哥敞开心扉慢慢地说许多话，这样最能够让她忘记孤独，等到哥哥每次临走前，都要一如既往地带妹妹去趟百货商店，给妹妹添补日常生活用品和换季需要的衣物。

魏亚楠的哥哥当兵五年后光荣转业回到家乡，回家乡并不是眷恋故土，而是爸爸年纪大了，需要儿女照顾。哥哥在部队各方面成绩很优秀，身体素质好，跑得快，头脑聪明，办事沉稳利落，深受上级领导赏识，如果不是为了回家尽孝，在部队完全可以签士官，但忠孝不能两全，在这个和平年代，哥哥最终选择后者，结束了自己的军旅生涯。最初转业回到家乡时，哥哥被东丰县公路段接收，在此工作几年后，掌握了家乡一些具体情况，见过世面的哥哥为了振兴家乡，毅然放弃铁饭碗，利用自己在外面的所学和人脉，在家乡引入先进机械和设备，开办现代修配厂，创办保暖板厂。哥哥虽然没种过地，但在农业方面也没放弃研究，带领乡亲们从种植经济作物到种植中草药材，进行全面深入的尝试，做了很多种植实验，最终让乡亲们尝到了增加收入的甜头，所以哥哥在家乡深受乡亲们的爱戴。如今的哥哥，顺理成章地被乡亲们投票选为东丰县五道杠乡中心村书记。他当选村书记后，紧跟国家的政策方针建设家乡，讲政治、讲思想、讲科学，使中心村的面貌和乡亲们的收入都发生了巨大变化，更加深得东丰县领导们和中心村乡亲们的信任。到2021年首届村书记任期即将结束，中心村重新选聘村书记，选聘过程非常严格，且竞争激烈，哥哥再一次高票当选为中心村书记。

魏亚楠从长春市一〇四中学毕业后，由于高水平的体育专项能力，顺利地被特招到长春市体育运动学校中专阶段进行学习，进一步接受强化体育专业训练，其专项成绩更是快速提升。第一年入学时期800米成绩为两分十五秒，1500米成绩为四分三十八秒，3000米成绩为九分五十二秒，并在中专阶段参加了吉林省运动会。她在每届省运会上都能以优异的成绩包揽800米、1500米、3000米比赛冠军，而且她的成绩比其他队员明显高出一大截，且在省运会中不断刷新吉林省女子长跑纪录。除此之外，魏亚楠从一年级开始就参加全国少年分龄赛，赛场上的竞争对手已不限于吉林省内师姐们，而是要与全国同龄组的高水平运动员一决高下。由于在此之前吉林省女子长跑整体水平与全国相比颇有差距，在全国少年分龄赛上，三届下来，每届的800米、1500米、3000米专项比赛，她都能以冠军或至少前三名的成绩凯旋。魏亚楠的硬实力得以显现，参赛同时也受到国内诸多知名教练的关注，看过她打比赛的教练得出的共识就是，吉林省女子长跑项目出了一棵好苗子。

正是从那个阶段开始，魏亚楠确立了自己人生唯一的偶像，她将这位偶像的照片和海报贴满了寝室床边的墙壁，尤其是那张身穿紫色和蓝色相交的分体赛事服装的海报，只要稍有时间，就会不经意地发呆注视一会儿，全神贯注地欣赏偶像的身材，聚精会神观察偶像的跑姿，无数次向往能与偶像见面，这位偶像就是被称为"东方神鹿"的著名长跑运动员——王军霞。

那个时代很多学生追捧港台明星，有多少孩子花着父母的积蓄，攀比追逐着现实生活中虚幻的偶像身影；有几个孩子能真正追逐到心目中偶像的背影；有哪个孩子得到过自己偶像的赞许和拥抱。而魏亚楠都得到了，得到的这一切，都不是花父母钱获得的，她是通过自己多年的刻苦训练，终于成了那位她想成为的她。她的命运之神把这一刻安排在2001年11月，在广州举办的第九届全运会上，我们的"东丰神鹿"，终于见到了自己的偶像"东方神鹿"。

两只"神鹿"见面的那一刻让魏亚楠至今难忘，突然到来的幸福让她没有准备。那时她刚参加完场地赛，正准备下场休息，身后一个既熟悉又陌生的声音喊住了魏亚楠，一个既熟悉又陌生的身影走过来，魏亚楠注视着这个在心里喊过无数遍名字的身影，她激动得想喊却喊不出来，等到身影走近她的面前，这个身影旁边的一位手持话筒、非常有气质的女记者做出正式介绍后，魏亚楠才敢确认这位以体育顾问身份出现的女士，正是自己多年的心中偶像——王军霞，王军霞身旁的这位女记者，则是日后全国观众所熟悉的央视体育新闻女记者——冬日娜。魏亚楠此时激动得不知该说些什么好，只能用淳朴而又腼腆的目光，盯住自己的偶像。此次"双鹿"会，还是作为前辈的王军霞，首先打破了尴尬，用亲切的口吻说道："哎呀！真的见到小亚楠啦！"之后便是对小亚楠不断地夸赞，从言语内容中能听出来偶像对自己的关注已经有一段时间，随后魏亚楠也表达了一直视王军霞为偶像的激动心情，然后又接受了冬日娜的专访。而后小亚楠和自己的偶像进行了一次长时间拥抱，并获得了偶像的签名，最后幸福地结束了这场与偶像的会面。赛场归来，魏亚楠兴奋了很长时间，只要稍有闲暇，王军霞的身影，便会来到自己的思绪中，自己的偶像现在已不只停留于电视中、海报上，而是真正来到自己的面前，并且拥抱过自己。长久以来，偶像远隔时空一直默默地指导着自己的技术动作，自己训练成长过程也的确如此，她始终追随着王军霞的身影，模仿王军霞跑步的姿态、跑步的技术，经常于训练时想象着王军霞就在身前领跑，自己在偶像身后紧紧跟随，当在场外休息的时候，这个身影也会在自己的脑海里奔跑，自己不断分析着偶像的跑步技术，比较着自己的差距。即使在做小肌群训练时，她也经常想起挂在墙上的海报，她要按照偶像的肌肉线条和身材来塑造自己，希望有一天也能拥有这么美丽的肌肉线条和身材。每当疲惫的时候，她就能想起偶像在奥运会上冲刺时的画面，让偶像来鼓励自己，无形中魏亚楠的神经、肌肉、肢体，都紧紧追随着王军霞的基础跑步技术动作，这一切，都是她的个人意愿，并不是出自哪位教练的授意。后来魏亚楠承认，正是由于自己的身材与王军霞十分相似，才能模仿偶像的跑姿模仿得如此像，因为每个人身材比例都是不同的，要根据身材特点来确定技术动作，所以每名运动员的技术动作都应该有区别。

这就是偶像的力量，连偶像都不知道的力量，可惜让魏亚楠遗憾的是，她和偶像拥抱的瞬间并没有转换成照片被自己珍藏下来。在第九届全运会开赛之前，当时不仅是出身辽宁队的王军霞认识魏亚楠，包括整个辽宁女子长跑队都视魏亚楠为竞争对手，可以说那届全运会，魏亚楠是代表吉林省女子长跑队单独挑战整支辽宁省女子长跑队。在那届全运会上，她报名参加了女子5000米和1万米的比赛项目，而当时这两个项目已经不是她的专项，那时她的专项已改为马拉松。

魏亚楠从长春市体育运动学校中专毕业时，她的200米成绩可以跑进二十九秒，400米成绩可以跑进五十九秒，800米成绩达到两分十七秒，1500米成绩达到四分十九秒，3000米成绩达到九分十九秒。以上成绩，标志着魏亚楠的专项已达到国家健将级水平，中专毕业后她开始代表吉林省参加全国各类大赛。

魏亚楠中专毕业即意味着将要告别长春市体育运动学校，她的人生升入新阶段，八年求学时光既漫长又短暂，在这段时光中，除了每天枯燥的学习和训练生活，也有为数不多属于那段年龄的叛逆，让她的求学生涯没有完全变成清教徒式，使这份快乐值得她在未来岁月中回味。其中最让她感到开心放松的一次，这也是唯一的一次在学生时代的叛逆体验，是和学姐晚上偷偷地躲开学校管理员，跳出学校围墙，跑到长春市二道街千人迪斯科去跳舞的那次经历。当年这家舞厅有个政策，为吸引客源，让女士免费入场，由于正值青春年少，魏亚楠虽初涉此环境，但在学姐的鼓励下，很快便融入舞厅欢快的氛围中，即便白天训练已经很疲劳，可在那样的场景中她很快便忘记了疲惫，感觉自己精力无限，体能超人，有生以来第一次如此开心尽兴，就这样和学姐一直嗨到深夜。可是曲尽人终会散，她们走出千人迪斯科舞厅，想再潜回学校寝室楼是绝对不可能的，同行的几位学姐商议既然无处可去，便索性集体躲进十字路口的交通岗亭里猫了一宿。据魏亚楠回忆，当时真的既害怕又兴奋，几个女生蜷缩着躺在圆圆的交通岗亭里，非常害怕被人发现，都不敢露头，也害怕被警察抓到，更害怕被学校知道，但大家都刚跳完舞，浑身是汗，兴奋劲还没过，都睡不着。由于是夏天，魏亚楠的年龄也最小，自己哪儿都不敢去，就这样跟着几位学姐猫在交通岗亭里天南地北地聊天，聊到天快亮时，才迷迷糊糊地陆续睡着了，等到早晨五六点钟，路面上的车辆开始增多，估计交通警察也要上班了，几个女孩子狼狈地跑回学校。后来魏亚楠反思，这种快乐对于那个年龄段女孩子的确有吸引力，如果那个时期，长时间沉迷于这种快乐，不加约束地疯玩下去，自己未来的专业道路，都不知道还能够走多远，经常在一起训练的那批女同学，眼看着因贪玩、偷懒、不专心训练，导致在专业道路上成绩平平，从长春市体育运动学校毕业后，便放弃了自己的体育运动生涯。

魏亚楠就读于长春市体育运动学校中专三年期间，不仅体育专项成绩出类拔萃，文化课也十分优异，平均各科考试成绩都能保持在80分以上，她一直认为如果跑步吃苦能出成绩，那么在学习文化课上多付出也一定会取得好成绩。能获得这样的成绩，除了她自身的努力，还要感谢佟友亮老师，佟老师不仅关心她的体育专项成绩和日常生活困难，也关注她的文化课学习。由于每天高强度的训练，魏亚楠在初中二年级下半学期曾经对文化课学习有所松懈，那段时间中午在长春市体育运动学校吃完饭后，午后在训练强度不紧张的情况下，她有时会骑着自行车到人民广场转一圈后，偷偷溜回寝室睡午觉，因为那时魏亚楠的专项成绩越来越突出，她内心已明确要从事体育专业，不像刚来长春时还有从事教师行业的计划，所以她对文化课学习逐渐开始懈怠。终于有一次，她利用学习时间溜回寝室睡觉被佟老师抓到，因此被惩罚，佟老师罚她在学校操场跑了整整一下午，现在回想起来，那一次被体罚，快到天黑时她边跑边哭，心里非常愤恨佟老师，但正是这次体罚，一次性治好了她在文化课学习方面的懒病，培养了她在文化课学习方面的自律性，使其受益终生。

时至今日，魏亚楠经常感慨自己的成长历程，一步一步走来多亏佟友亮老师的把关和教导。佟老师是一位水平非常高的专业教练，对于魏亚楠的专项训练课，曾经不止一位专业老师建议过佟老师，让他改变训练定位，因为魏亚楠属于小个子运动员，为什么不能发挥她的长项？不应该让她跑800米和1500米，应该让她跑5000米和1万米，这样她才会有更大的发展空间。每当佟老师遇到这类问题时，魏亚楠清楚地记得，倔强的佟老师会当面回怼："你懂什么啊？不要在我面前说这些，你懂什么？如果我不把魏亚楠200米提升到三十秒内，400米破分，800米跑进两分十秒，1500米跑到四分二十秒以内，还谈什么中长跑运动员，以后跟谁去比？"那时候的魏亚楠只是默默地选择相信佟老师，至于为什么，自己也说不清。很多年以后，当她也带队员训练时，才渐渐明白其中的道理。如果一名运动员想从事体育专业，必须从小把基础训练打好，未来才会有更好的发展。因为人体肌肉结构是随着年龄增长而发生变化的，运动员在年轻的时候一定要加强白肌纤维锻炼，白肌纤维的特点是，无氧能力高，收缩速度快，释放力量大，但抗疲劳能力弱，所以运动员只有在早期要把肌肉爆发力练出来，肌肉才会有弹性，肌肉质量才会好，才可以有效提高专项能力。而随着年龄的增长，运动员的红肌纤维会越来越多，红肌纤维的特点是，有氧能力高，抗疲劳能力强，但收缩速度慢，释放力量小，所以运动员成年以后爆发力会逐渐减弱，相反，耐力会越来越好，这就是马拉松运动更适合中年长跑爱好者的原因。魏亚楠在经验丰富的佟老师科学指导下，始终按照佟老师布置的教学任务，认真地完成每周训练计划，她从小就打下了坚实的中长跑专项基础，为她将来的体育生涯能有更大成长空间，创建了良好开端。当魏亚楠退役后，回忆起佟老师曾经说过的话，不禁慨叹，那都是非常正确的，自己也深受佟老师的影响，在实践中积累了丰富的教学训练经验。佟老师从魏亚楠来到长春市西安大路小学读五年级开始，一直带到她长春市体育运动学校中专毕业，师生共同经历了八年时光，在这八年里，他把一位从偏远农村来的瘦弱小女孩，打造成未来可为祖国争光的国家级体育人才。

　　佟老师在数十年的体育运动教学生涯中，除培养过魏亚楠以外，还为国家培养过众多优秀的体育人才，魏亚楠无疑要算众多弟子中最优秀的一位。她不仅是佟老师最得意的弟子，更是佟老师亲口认定的关门弟子，对于魏亚楠的成功培养，为佟老师体育教学生涯画上一个完美的句号。多年以后在一次重要聚会上，佟老师向众多弟子坦言："我这一辈子教的学员呢，谁都不像我，只有我的关门弟子，魏亚楠是最像我的，她虽然转业了，退役了，但现在依然能坚持跑步，这说明她就是热爱跑步，她这点跟我一样。"事实也的确如此，佟老师退休后，常年坚持跑步，每天至少要跑10公里，当室外环境不理想时，比如雨雪、雾霾、大风等天气，他就会改到室内体育馆跑步，见过他跑步的学员都说，佟老师的跑姿非常漂亮，步幅拉得非常开，而且长年累月如此，70多岁还能坚持跑步。直到在一次跑步时遭遇车祸，他因膝关节受到严重损伤，才无奈终止跑步。

佟友亮老师和魏亚楠是同乡，都是吉林省东丰县人，退休前为国家高级田径教练员。佟老师1941年7月出生于东丰县三合乡，1958年他凭借优秀的体育成绩被选入吉林省体育干部训练班田径队，从事长跑专业训练。在他的长跑职业生涯中，共获得过十三次国家级田径比赛冠军，打破过一次男子5000米全国纪录。1975年入职中国人民解放军八一田径队，成为一名长跑教练员，在八一田径队执教十三年，他为国家培养出众多优秀长跑运动员，如沈国献、李远明等国家长跑名将。1989年，佟友亮老师退役转业回到吉林省，在长春市体育运动学校担任中长跑教练员，于2001年7月光荣退休，现仍居住在长春。2021年，恰逢佟老师退休二十载之际，来自五湖四海的众多佟门弟子齐聚长春，为佟老师庆祝八十大寿，其中不乏已年过半百的高龄弟子，而魏亚楠在众多弟子中是年纪最小的一位。弟子们回忆佟老师执教，除了笑谈他的严厉外，最让弟子们认同的一点是，他从来不盲目教学，自那时起他就建立了一套科学有效的训练方法。比如在那个年代，当摄像机还是家庭奢侈品的时候，佟老师会把自己家里的摄像机拿到学校，架在训练跑道上进行录制，他让队员们一个一个地跑，录到训练结束后，晚上带着队员们回到自己家，为队员们播放当天训练时录制的视频，他手指电视机，从专业角度为队员们一个一个分析和比对跑姿，找出每名队员技术动作上需要改进的地方，在不断完善技术动作的基础上，有针对性地增加小肌群训练，以整体提升队员们的专项能力，用讲科学不拼蛮力的训练方法，成功培养了一批又一批优秀的长跑运动员，为国家输送了众多长跑专业人才。他在训练教学时反复强调，只要跑步姿势正确，就不会损伤运动员任何关节，所以作为佟老师的弟子，很少发生因长期跑步训练受到运动损伤的情况，弟子们都为能在从事体育运动职业生涯中遇到如此优秀的教练而庆幸。

魏亚楠与佟老师相处的最后三年中专时光匆匆而过，转眼她就要面临从长春市体育运动学校毕业后的未来选择问题。毕业前她的主教练已由佟老师换为付占文老师，当她毕业时，佟老师依然非常关注她的未来去向，常找魏亚楠沟通，了解她的想法。当时吉林大学新闻系一位姓刘的教授已向魏亚楠发出特招邀请，刘教授希望她能够通过体育成绩进入正规大学继续深造，另有吉林省体工队的刘文俊教练也想招收魏亚楠这样的田径好苗子，希望她在自己的专项上继续有所发展，而佟老师则希望她能够进入八一体工队，上升到一个更高的国家级平台，以施展自己的天赋。进吉林大学当大学生？去吉林省体工队当运动员？还是到八一体工队入伍？面对这些选择，魏亚楠一时难以做出决定，她在内心最纠结的时候，回了一趟辽源姥爷家，经过多次和姥爷、舅舅，以及其他亲属商议后，更是出于对佟老师的信赖，魏亚楠放弃了进入吉林大学深造的机会，也放弃了加入吉林省体工队，最终选择进京升入八一体工队。

临近魏亚楠赴八一体工队报到的日期，佟老师亲自带着她来到北京，她就这样带着两个皮箱，跟随佟老师来到了他曾经工作过多年的地方，当她看到佟老师在八一队里有很多熟识的老同事后，当佟老师把她交给八一队热情的李广兴政委后，魏亚楠才深深理解佟老师亲自送她来到八一队的良苦用心。李政委当着她的面，直接表示感谢佟老师，能为八一队输送如此优秀的长跑苗子，并且表现出对她十分认可，魏亚楠知道，这都是佟老师来北京之前早已给她做好了铺垫工作的结果。直到现在，魏亚楠还能清楚想起当天的情景，自己当时是怎样在八一队报到的，还能记得八一队的地址和周边环境，它在北京市中轴路安德里北街。魏亚楠从那天起，她的生活一切都将重新开始，她又一次将自己投入举目无亲的陌生大城市中。

新加坡马拉松

2007年，我代表国家参加了新加坡马拉松，我在这场比赛中出现了问题。由于被国际田联禁赛两年刚结束，咱们国家会给很多任务，那时我保持在非常高的技术水平，甚至能一个月参加三场马拉松比赛，我在这个时期从来没有发生过问题。我在没有被禁赛之前，一年是两次比赛任务，国家非常保护我，这次禁赛完事以后，我不停地接到任务，这也是为了让我达标。要想参加全运会、亚运会和奥运会，就要突破瓶颈，需要参加几场比赛、达到一定成绩才能参加全运会、亚运会和奥运会。这场比赛是我在那个月参加的第三场比赛，所以体能状态也不是太好。当时是国家体委派我去的，中国队派出一男一女两名队员，我们是跟着一位甘肃队姓石的教练去新加坡参赛，我们到达新加坡后只休息了一天，就参加马拉松比赛，我被组委会安排在一座有六七十层楼高的五星级酒店的顶层大套房内居住，那名男队员看过我住的大套房后，便和我开玩笑说："你一个人敢不敢睡呀？我跟你说这屋子不干净啊！"也就是因为他说的这句话，那一夜我真没敢睡。由于新加坡的天太热，我把空调开到最大，房间里的灯全都打开，再用被子把自己蒙起来，就这样折腾一宿也没睡着，等到第二天开始比赛的时候，我就感觉双腿非常沉。当时新加坡的气温还非常高，我们是新加坡时间凌晨四点钟开始发枪起跑的，起跑后我不停地补水，总是感觉非常渴，当我跑到最后200米距离时，记得是在一个公园边上，我还能听清观众在给我加油，我是晃悠着冲向终点线的，刚过终点线就什么都不知道了，什么印象都没有了，我不知道是怎么样到达终点线的，只听人说过了终点线，我就瘫软在地上，失去了意识，已处于昏迷的状态。我是靠潜意识到达终点的，等我醒来的时候已经躺在救护车上了，我记得我就是在吐，吐出很多黄水，那种最大的矿泉水瓶，能装满三大瓶。我喝的所有水，估计全被我吐了出来，完全没有被身体吸收。等到了当地医院，他们就推了一把轮椅，让我坐在轮椅上，到处检查，检查我的肺部，检查我的心脏、检查我的肾脏。因为我是国际邀请选手，新加坡组委会保障做得特别好。我记得我坐在轮椅上，看着自己的手和脚，就像被抽干水分只剩一层皮包骨的骷髅一样，特别恐怖，输液后，我慢慢地恢复了意识，逐渐清醒过来。后来照顾我的那位新加坡工作人员对我说："你的身体素质真是太好了，晕到这种程度还没有事，检查结果什么问题都没有。"最后给我出的诊断是轻微脑震荡，当时我感觉后脑勺的确非常疼，可能是长期缺氧导致的，那次我昏迷了半个小时。因为我是受邀请运动员，新加坡医院很重视，为了不耽误回国的航班，我急着出院，但是新加坡医院的医生不允许我出院，需要我留下来继续观察，最后在我的坚持下，签完字才出院的。我跟着石教练他们回国后，来到江苏徐州，那时国家队在徐州训练，归队后的一段时间内状态也不好，总是后脑勺疼，觉得像真死过了一次，需要时间慢慢恢复，所以基本没怎么参加训练，国家队教练也建议我休息一段时间，暂时先别跑了。经过这次濒死体验，我有很多感慨，那段时间每天都写日记，写了很多自己当时的感受，我后来每次打开日记本，都能看到新加坡马拉松组委会发的700美元奖金，我即使在那种状态下，也取上了名次，用时两小时三十分多，每当我看到夹在日记本里的700美元奖金时，都会愣住发呆一会儿。那段时间除了写日记，我还会去爬山，爬徐州的龙潭山，我几乎每天都去。我那时无论是爬山，还是回到队里，都不和任何人说话，只想一个人待着，审视自己的内心，不停地向自己提问，然后再自己寻找答案，这样的生活大概持续了一个月，我也慢慢地从低谷中缓过来，逐渐恢复训练。

　　通过新加坡马拉松这场比赛的经历和回国后的经验总结，我想告诉现在的长跑专业选手和业余选手，如果运动生涯遇到瓶颈期，感到身心疲惫，可以选择去爬山，这种运动无论是对肌肉，还是对身心，都是一种最好的调养方式。因为山上树多，负氧离子浓度高，风景还好，上山的时候，越接近山顶，我们的视野和心情就越开阔。另外，在爬山过程中，还可以强化关节力量，刺激心肺功能，只有登山运动才会有这种全面改善身体机能的效果。即使现在我退役了，但作为一名业余选手，我每周也会去跑一次山，或者带着俱乐部的队友们去跑山，这的确是增长耐力、增强关节力量、刺激心肺的一个好方法，我在这里向大家强烈推荐。

海

魏亚楠于1998年7月从长春市体育运动学校毕业，在吉林省体工队经过一段短暂的训练后，跟随恩师来到北京八一体工队，她先被分配到长跑队，参加3000米以上的专项集训。一切都要从零开始，她刚到八一队时身份还算不上是正式学员，由于没有军籍，更不算正式入伍，新学员连用餐地点都不是在大食堂，而是和其他新学员从大食堂打完饭后，再到楼下的一个小房间用餐，等参加完三个月的新学员集训期，才能正式到大食堂用餐。魏亚楠的八一队后备队员资格，也是经过整个冬训后才取得的。初到八一体工队，魏亚楠第一印象是八一体工队的院区真是太大了，整个部队和家属区都不知比长春体校大了多少倍。置身于这种陌生的巨大的外部环境中，仿佛又穿越回当年初到长春时的状态，一个举目无亲的孩子，再一次陷入强烈的孤独当中，在日常生活中连话都不敢说，只能选择终日沉默。她另一个深刻的印象是，初到八一队食堂，即被取餐区丰富的食品所震惊，魏亚楠感慨道，如果天天都能吃到这么丰盛的美食，这就是人间幸福啊！八一队食堂中仅粥类品种就足以丰富到让她挑花眼，且难以选择，人生中第一次见到这么多好吃的，其中很多菜品从未听说过，感觉自己什么都想吃，但又不好意思吃，由于不好意思吃，导致第一次用餐根本没吃饱。还有一个深刻的印象是寝室条件很好，远超长春市体育运动学校的住宿环境，一间寝室有四张学员床，硬件设施齐全，学员们不用再为上下铺而争执，寝室内有能提供洗澡的独立卫生间。但印象最深的还是她初登训练场地时，虽然自己当时年龄最小，可长跑能力却明显很突出，原有的老队员都跑不过自己，很多教练和过路的人都为之驻足，他们的目光都在关注着运动场上这颗长跑新星。

八一体工队实行的是军事化管理，学员们的作息都要严格按照部队时间表执行，皆以军号声为准。每天早晨五点钟吹起床号，上午除了出早操和用早餐，还安排读晨报的时间，下午两点开始正式训练，训练结束后，学员们还要上一堂英语课，八一队领导非常重视学员们的英语教育，因为很多学员除了体育专项训练外，未来八一体工队还会负责给学员们找适合的大学对接，帮助其继续深造文

48

化课，以提升学员们的综合素质。晚餐后，学员们还要集体观看新闻联播，熄灯号会在每天二十一点准时吹响，从而结束忙碌又充实的一天学员生活。

　　八一体工队教练员综合能力和训练方法与吉林省是有区别的，除李广兴主教练外，日常负责魏亚楠训练的是肖亮教练。初期训练时，她发现肖教练对她的要求并不高，因为年龄小，训练场上常叮嘱她"速度放慢点，慢点跑"，有时甚至会在训练场上命令她停止跑步。通常情况下，其他学员每天训练任务跑量是20公里，而肖教练布置给她的训练任务跑量却只有15公里，如果她跑进每公里四分配速，肖教练就会要求她降速，降到每公里四分十五秒左右，若是魏亚楠不听指挥，肖教练就会在训练场上伸手拽一下想继续跑的魏亚楠。所以除了"速度放慢点，慢点跑"，初期训练时也常会听到肖教练对她说："你不要跑了，你已经跑太多了，你太小了。"也正是在北京的第一个冬天，魏亚楠的青春期悄然而至，由于八一体工队食堂丰盛的学员餐，她的体重由初到时80斤，猛增到一百余斤，她嘴上虽不说，内心却十分焦急，所以在每次训练时，她都会偷偷给自己增加训练任务，想快速把体重降下来。更让她不理解的是，在1999年10月份举办的北京国际马拉松，教练组仅给她报名10公里项目，当时她认为自己跑场半程马拉松也不会有问题，但教练组却认定半程马拉松对于她现有的能力是超量的。所以那场比赛，她虽然获得了女子组10公里冠军，却并没有感到太高兴，也就是在这场比赛中，现场有一名韩国籍教练关注到魏亚楠，犹如伯乐于万马奔腾中，发现千里马，希望有机会能以自己的训练方式培养这匹良驹，这位韩国教练，就是日后魏亚楠在韩国训练时的金凡一主教练。

金教练虽然是韩国人，此时正在代训吉林省长跑队，与吉林省签订了为期四年的代训合约，所以他经常出现在国内各大比赛现场，积极往返于中韩两国，助力吉林省的长跑事业发展。由于这一阶段魏亚楠还没有正式在八一队入伍，她一心想要提高成绩，为了能快速达到自己设定的目标，决定与吉林省长跑队的相关教练取得联系，于1999年11月返回吉林省，在刘文俊教练带领下，随吉林省长跑队共同抵达韩国釜山，加入了金教练指导下的长跑队。参训三个月后，跨入二十一世纪，2000年2月份，魏亚楠为了能参加全国室内锦标赛返回中国。

在韩国训练期间，魏亚楠的体会是，那里的训练强度与国内截然不同，每天早晨五点钟起床，直接开始晨跑，晨跑时并不在体育场内，而是集体被训练车拉到很远的郊区。当时正值冬季，天都还没有亮，训练车就停在一个像大公园的地方，教练组会让全体队员下车，沿着一条刚打过地基，还没有铺沥青的新公路往回跑。这样的路面很松软，非常适合长跑运动员训练，由于魏亚楠年龄最小，大黑天的在异国他乡，语言又不通，举目无亲，她每次晨跑的时候都非常害怕，往回跑的路程中紧跟着老队员们，甚至可以说是拼命地跟着老队员们跑，生怕被落下，每天的晨跑距离，基本是20公里以上的跑量。队员们跑回训练基地后，才能够吃早餐，然后就是上午的正式训练课，上午练完，下午还得练，晚饭过后一个小时，还要进行核心力量训练课，魏亚楠的核心力量就是在那个时期打下了良好基础的。正是因为在韩国这个时期的高强度训练，她成功控制住青春发育期的体重增长。金凡一是韩国长跑圈内有名的魔鬼教练，为了打造运动员良好的体能基础，下手比较狠，这种观念也是韩国各项体育运动教练们的共识，比如足球、短道速滑之类的项目，运动员们的体能优势均极具代表性。

2000年2月，魏亚楠从韩国釜山返回吉林省，并代表吉林省队参加了全国室内锦标赛，她因在韩国冬训期间的跑量积累，于本次锦标赛中发挥了良好的竞技状态，女子3000米以九分零七秒的成绩轻松夺冠，半年前她的最好成绩是九分十九秒。虽然从数据上看其竞赛成绩没有大幅提升，但魏亚楠回忆，由于锦标赛场地是200米一圈的室内跑道，她在比赛中过于兴奋，最后一圈的铃声没有听到，当她冲过终点线时并没有停下脚步，又多跑了五六十米，现场是被八一队的队医看到，误认为她是代表八一队参赛的队员，怎么自己家的队员冲过终点线后还在跑？特意在场边给魏亚楠喊停住。也就是说，这场比赛她是在最后阶段并没有完全冲刺的情况下，取得了这个成绩，如果能形成正常冲刺，其计时成绩则应更加理想。

2000年4月，魏亚楠又参加了于山东济南举办的全国马拉松锦标赛，这是她人生中的首场马拉松比赛，对于19岁的魏亚楠来说，她在此之前最大训练跑量也只有26公里，这场全程马拉松的跑量，让教练组替她担忧，担心她的体能不足，贸然支撑一场全程马拉松的跑量会遇到困难。当魏亚楠的身影出现在终点线前时，教练还专门为其跑到护栏边关切地向她喊："慢点儿跑，不要跑快啦！一定要慢慢跑，慢慢地跑。"在这场马拉松首秀中，魏亚楠以两小时三十七分十秒的成绩取得了女子组第四名，她的这场比赛让教练们很满意，谁都没想到魏亚楠能跑得这么好，她把同队参赛的老队员都超越了，原计划是以老带新的战术参加比赛，不以追求成绩为目的，只为锻炼新队员，结果是一起参赛的同队师姐获得了女子组第六名。在这场比赛之前，魏亚楠并没有按照备战马拉松赛事进行有计划的专项训练，据她回忆："跑完这场比赛后，身体出现了严重的不适反应，浑身酸痛，腿不是自己的腿，脚不是自己的脚，在自己的房间内足足躺了一天一夜，总结起来就是不可想象的难受，从头发丝一直酸痛到脚，哪儿都不舒服，哪都难受，腿放哪儿都不行，饭也吃不进去，只是一个劲儿地想喝水，那滋味太痛苦了，所以奉劝大家，在没有做好充分的参赛准备时，贸然参加全程马拉松比赛对身体的刺激实在是太大了。"

因魏亚楠优异的比赛成绩和良好的竞技状态，八一体工队在2000年6月份征召魏亚楠入伍，当时她仍在吉林队参加集训，听到这个消息后，她便立即返回八一体工队，正式加入八一队大家庭。这是多少运动员苦苦奋斗数年追求的目标，却在她这里顺利取得了结果，依靠她多年的拼搏，凭借硬实力获得的成果，接下来的时间，她跑进了由自己引领的奔腾时代，开始了她代表八一体工队和国家队参加的一场又一场大赛。

2000年10月15日，在首都北京举办的第二十届国际马拉松赛事，这是首次由国内企业冠名的北京国际马拉松，全称"红河北京国际马拉松"，这也是魏亚楠人生中参加的首场国际马拉松比赛，在这场国际赛事上她一鸣惊人，击败了赛前夺冠大热门、来自火车头体协的前辈孙英杰，魏亚楠以两小时二十六分三十四秒的成绩打破了赛会纪录，获得职业生涯首场国际马拉松比赛冠军，独得冠军奖金1万美元。在北京国际马拉松赛道上，此前的女子马拉松运动员，很少有人能将全马成绩突破两小时三十分。对于这场比赛，魏亚楠汲取了济南全国锦标赛那场马拉松的经验和教训，赛前四个月就开始做准备工作，在最炎热的季节，进行了系统的专项训练，付出了大量的汗水和努力，可以说此次是有备而来。这场比赛也是她第一次和前辈孙英杰交手，孙英杰比魏亚楠年长近三岁，在当时的国内女子马拉松领域中，属于顶尖水平的运动员。所以在这场比赛前，教练组就把孙英杰视作魏亚楠的主要竞争对手，并进行专门的战术研究，有针对性地制订战术计划，此外还给魏亚楠特别安排了两名男运动员全程陪跑。教练们一致认为，孙英杰是名老运动员，她比魏亚楠大赛经验和耐力水平都会高些。魏亚楠的优势是，在不久前以三十一分四十九秒的成绩刚刚打破了女子10公里全国纪录，现在的孙英杰在专项速度方面不一定会比魏亚楠强。所以教练组要求魏亚楠在整场比赛过程中，要始终保持在孙英杰身后约一百米的距离，切不可贴身跟跑，如果贴身跟跑，孙英杰一定会主动提速甩掉跟跑者，命其要保持住固定距离，让领跑者长时间感受着无法彻底甩掉对手的心理压力，这样会使领跑者体能消耗量增大，魏亚楠只需要在40公里处逐渐加速，接近孙英杰，然后再靠速度冲击比赛的最后距离。大赛枪响后，魏亚楠严格按照教练组布置的战术计划执行完前40公里距离，这场比赛的终点设在北京市朝阳公园，魏亚楠跑过40公里的指示牌后，开始提速接近孙英杰，两人在经过最后一个弯道时并驾齐驱，距离终点线都只有195米，也就是在这里双方展开了最激烈的冲刺跑，孙英杰首先发力抢占里道，魏亚楠索性选择外道强行超越，整场马拉松比赛在最后的195米，上演了最精彩部分。最终魏亚楠凭借速度优势全力冲刺，超过孙英杰，出色完成了教练组的技战术安排，以两秒的微弱优势夺得本场马拉松比赛的冠军。全程马拉松两秒的优势，相当于百米运动员零点零二秒的优势，参赛运动员们虽付出的努力和辛苦均量相等，但赛终结果，冠军和亚军的光环却相差巨大。魏亚楠率先冲过终点线后，立即转身想去拥抱此时也冲过终点线的前辈孙英杰，当她看到刚冲过终点线的前辈孙英杰正在用双手击打自己头部时，年轻的魏亚楠犹豫了，瞬间内疚，打消了去拥抱前辈的念头，现场更难以与前辈的目光对视，此时她很理解前辈内心纠结的原因，应该是由于赛前轻敌，比赛过程中判断错误，没有运用合理技战术，在全程领先的优势下，本应稳操胜券获得的金牌在终点线前丢掉了。事实也的确如此，孙英杰如果早些提速，通过发挥耐力优势大概率能赢下这场比赛，当魏亚楠在40公里处追上孙英杰的时候，两个人虽然共同跑了一段距离，但是在这段距离中，孙英杰不仅没有提速，反而还降速了。魏亚楠赛后猜测，有可能是前辈不愿意为她领跑，不想在前面带她，此时的魏亚楠为了遵从教练组技战术安排，也无心超越前辈领跑，并且自己也感到快接近体能极限了，所以孙英杰降速，想让魏亚楠超过自己领跑，但魏亚楠没有超越她，也降低了速度。由于魏亚楠刚转型马拉松不久，她的肌肉能力还没有完全被开发出来，原本已经感到自己的动作不协调，身体僵硬，在这段降速时期得以舒缓，她稍作调整后，感到力量又恢复过来，因此才能把握住最后195米，进行全力冲刺，并赢得冠军。而这一切，前辈孙英杰是能分析到的，最终对她来说这场比赛应该是很遗憾地与冠军失之交臂。

初生牛犊不怕虎，在这场比赛之前魏亚楠没有任何精神压力，自己一心想创造好成绩，比赛结束后，她体验到真正的胜利喜悦，最后在领奖台上终于等到机会与前辈孙英杰握手、拥抱、合影。魏亚楠知道这场比赛的胜利来之不易，略存侥幸，属于险胜，所以对前辈孙英杰始终保持着敬重的心理。获胜归来后的喜悦，让魏亚楠一整天都处于兴奋的状态，当天跑完全马身体的不适反应也没有四月份济南赛后那么强烈，更让她开心的是除了获得荣誉，还拿到那么多奖金，比赛前也没想到能赚这么多钱，人生第一桶金的梦想此刻即已实现。在那个年代，这笔钱足可以在长春市区购买到一套两室一厅的标准住房。魏亚楠虽然获得了第一桶金，但是她并没有将这笔钱花在自己身上，或是存起来，而是返回家乡看望多年来一直在支持她的家人们，她首先拿出大部分奖金，送给始终在资助她的姥爷，然后将其余部分奖金，送给曾经帮助过她的亲人，她尽量以自己能理解的最好方式，答谢并分享着自己的快乐，尤其要与去世多年的妈妈分享这份荣誉和喜悦。等到她回北京归队时，这第一桶金她什么东西也没有给自己购买，连桶的把手都没给自己留下。魏亚楠就是这样的女孩子，虽然身处北京那样的繁华都市，这笔奖金足可以让自己拮据的生活得到些改善，但是她对金钱却没有执念，她参加比赛的目的，就是为了检验自己的训练成果，为了创造更好的自己。魏亚楠从这场胜利开始，依靠自己的努力，逐渐赢得了一个又一个的荣誉，同时更获得了丰厚的比赛收入。

第十届全运会

　　大家都知道全运会是我们国家的小奥运会，是国家级综合性体育盛会，每个省都高度重视，从各省市区领导到教练员，再到运动员本身都是非常关注的，尤其对我这样的运动员来讲，是一定要参加全运会比赛的。我参加这届全运会是双重身份，既代表八一体工队，又代表吉林省队，如果我拿一块金牌，八一体工队和吉林省队也就各记一块金牌。2005年在江苏南京举办的第十届全运会，其中的马拉松项目在北京举行，实际上是与北京国际马拉松合并在一起举办的。我2001年的时候是第一次参加在广州举办的第九届全运会，那届全运会我的成绩就非常好。第十届全运会召开之际是我年龄最好的时候，无论是八一体工队还是吉林省队，都设定我为一块金牌的争夺者，就是一定要拿下这块金牌，我那段时间赛前训练总体来讲也是没问题的，具备夺得这块金牌的实力。然而，就在比赛期间，当我跑到差不多四公里的时候，突然觉得左脚的脚背特别疼，当时我想可能是鞋带系紧了，如果坚持一会儿可能就会好，我在跑步过程中用脚拧一拧鞋，但是我没有停下来。等坚持到十公里的时候就感觉不行了，我停下来松了松鞋带，然后接着跑。就这样我从第一团队下来了，跟跑了十公里后，我又追上了第一团队，之后就一直紧跟着跑。现在回想起来，那种疼法就像上刑一样，好像有人拿锯在里面拉骨头，我几次想下来，但我比赛前是被设定夺金的运动员，而且我们八一队的领导，朱玉青大队长一直在关注我，她在我整个比赛中每五公里，都会在补水站等我，全程在赛道外跟着我，每当我想下来，一看到她的时候就想，不行啊！我不能下去，我一下来，准备一年的全运会，就会前功尽弃，我只能坚持。等跑到25公里的时候，我实在跟不上第一团队了，左脚实在太疼了，最终我以两小时二十九分的成绩排到了第九名。

我冲过终点线后，就完全不能走路了，坐在地上，终点现场的吉林省观赛领导们站起来转身就都走了，连跟我说话的都没有，这我其实也理解，我是保金的运动员，结果到最后连前八都没进去，他们会是什么样的心情啊？他们也是带着工作任务来的。但是唯有朱大队长，告诉她的司机，把我扶上她的车，然后带我去拍个片儿，查查到底是什么原因，是不是血液有问题了？要不怎么会突然出现这种情况？但当时任何一个人都不会想到我是骨折了。

检查结果显示骨折，我虽然坚持跑下来，但脚面已经肿得很高了。回到了八一体工队后，因为脚非常疼，我虽然全身都是汗，但我洗不了澡，只洗了一把脸。朱大队长看到我这种情况，她怕我上火，一直在寝室安慰我，想多陪我一会儿，因为当时是全运会期间，南京的口径比赛也要开场了，她需要马上返回南京，但是她对我说已经把飞机票改签了，晚一个航班再飞回去，并安排专人从食堂给我打饭吃，我当时特别感动，因为常年身处异地他乡，一直以来很少有人这么关心过我，当我辉煌的时候，我可能不需要，但当我失败的时候，我也不想被抛弃。遥想当年，如果我能多听她的话，今天的我有可能就不一样了，但那时候她的很多话我还是没有听进去。前几年，我在吉林省电视台参加了一档节目，主持人问我现在有没有最想见的人，我说有，是朱大队长。但是因为种种原因，他们没有联系上；我也找了一些当年的队友，也没有联系上，我们这一晃能有七八年没见面了，在我心里真的感恩她。

后来我回到了长春，去四六一医院治疗，看到我片子的医生说："不可能！昨天刚参加的马拉松？怎么可能跑马拉松呢？"因为诊断结果是左脚趾骨骨折，医生猜测在四公里处并没有骨折，然后硬是给跑骨折了，因为趾骨已经断成锯齿状了，那得多疼啊？什么样的意志力才能完成马拉松啊？那是人吗？

　　我非常挺感谢国家体委，他们对我很重视，知道我骨折了，为了让我尽快养好伤，备战2008年北京奥运会，在2005年冬天的时候组建了国家队，当时我全运会那个成绩根本就进不去，但是国家体委仍然让我去广州归队。由于广州气温高，在国家队吃得也好，非常有助于我的骨头愈合，我就开始跟着国家队集训，归队前期每天练核心力量，后来就可以登自行车了。老话常说伤筋动骨一百天，真是太准了，等到一百零一天的时候，我就能跑了，是那种完全能跑了。但是后来我发觉，我好像特别愿意出汗，以前不这么爱出汗，以前出汗时，身上穿的背心会一块儿一块儿的湿，但在经历那次事情以后，就是我一运动，身上穿的背心就会大面积全湿了。反正骨折的地方是完全长好了，人体受过伤的骨头长好以后，它会比以前更结实。

洋

　　女子马拉松属于魏亚楠的全盛时代，是从2000年开始到2008年北京奥运会前这段时期，那个时代正赶上日、韩马拉松整体实力的高峰期，魏亚楠在多场国际大赛中不断刷新纪录，碾压着日、韩马拉松女子军团，提升了中国马拉松项目的国际地位。在这个时期又一位伯乐走进魏亚楠的生活中，她就是八一体工队的朱玉青大队长，她也是八一体工队历史上首任女大队长，她曾经是一名非常有天赋的运动员，17岁就入选八一田径队，曾获得过亚运会冠军，并三次改写了全国纪录以及亚洲纪录，参加世界田径锦标赛女子七项全能项目时，获得了第八名的优异成绩，1992年在巴塞罗那奥运会打破过该项目的亚洲纪录，因从事多年的体育职业生涯，塑造了坚毅的品质，由于同是运动员出身，所以对运动员非常理解，外刚内柔的性格。她不仅重视运动员的日常训练，更关注运动员的心理健康。

朱大队长在魏亚楠身上看到了自己年轻时的影子，更多地关注她，坚定地培养她，希望她能站在奥运会赛场上，为中国体育代表团实现马拉松项目零的突破。作为一名职业运动员，其运动生涯会遇到许多十字路口，能够正确地选择每一步，实为运动员中的少数派，如果缺乏智慧的判断，便很容易因草率的选择走向歧路。朱大队长看到了魏亚楠的优点，更清楚魏亚楠的不足之处，当时的魏亚楠太专注于训练，可以全然不顾任何干扰，刻苦地完成每一堂训练课，经常练到呕吐，只要不晕倒，就会继续奔跑，她曾多次暗自发誓，就算死，也要死在跑道上，日常训练即为她生活的全部。为长跑而生的身材，卓越的运动天赋，后天的刻苦训练，凝结塑造成了巅峰时期的魏亚楠，参加每场大赛时，她都要直指冠军；参加每场大赛时，她的成绩都在提升。一场又一场国际赛事已无法证明她是最优秀的，她的终极目标已锁定在那块全国人民都在期盼的伯利恒之星——2004年雅典奥运会金牌。魏亚楠这一切的努力都被朱大队长看在眼里，朱大队长看好她的前途，但又为她感到一丝隐忧，再好的宝马良驹也怕倒下，倒下一次即为终结。所以，朱大队长经常找机会和魏亚楠沟通，了解她日常生活和训练方面的心理波动，如发现有问题以便能及时为她排忧解难，朱大队长的爱在那个时期弥补了魏亚楠心理成长阶段缺失的母爱，魏亚楠也非常信任朱大队长，经常坦诚地和朱大队长进行交流。

然而意外就在不该出现的时候发生了，雅典奥运会前期，已经调整到最佳状态的魏亚楠，在首都国际机场即将登上前往雅典的航班、实现奥运金牌梦之际，突然被国际田联通知其兴奋剂检测结果呈阳性，不能参加本届雅典奥运会女子马拉松比赛项目。这突如其来的消息，源自一周前国际田联在八一体工队取得的魏亚楠尿检样本。那是在一个训练日的上午十点钟左右，国际田联以惯用的方式突然抵达八一体工队，突击采集已取得雅典奥运会参赛资格的运动员的尿样。此时的魏亚楠正在训练课上，非常配合国际田联的尿检工作人员，随后便把自己采集的尿样交给国际田联工作人员。然而，她忽略了就在前天，因哥哥得知妹妹即将参加雅典奥运会，要在国际最高规格比赛上为国争光的消息，特意从家乡赶到北京为妹妹送行，并带来亲人们的祝福。亚楠抱着侥幸心理，瞒着队领导，晚上偷偷跑出去和哥哥吃了一顿烧烤，正是因为这一次的不谨慎，却酿成了终生的遗憾。在运动员自我保护方面，这是朱大队长最担心的，魏亚楠虽然拥有长跑天赋，训练从不偷懒，且成绩优秀，但性格弱点是做事全凭直觉，没有深度思考，缺乏风险意识，不善于动脑筋保护自己。

备战国际大赛阶段严禁外出用餐，尤其市场上餐饮业的肉制品，这是八一体工队的纪律。因为疏忽大意、违反纪律，雅典奥运会金牌梦就此被终结在首都国际机场，眼望着本应乘坐的航班飞离跑道，翀云逐梦的彩虹顷刻消失，形单影只的魏亚楠孤零零地留在候机大厅，自己仿佛被一只大手突然抛入深井，阳光依旧灼眼，却深感被黑暗魇压，此刻除感知无能为力的绝望，身边的一切事物全部扭曲汽化，失去物理意义。

　　不久，国际田联对魏亚楠下达了两年的禁赛处罚决定，竞赛水平正如日中天的她仿佛在高速奔跑时撞到一堵透明墙上，即将起飞的人生被突然按下暂停键，国际禁赛事件虽常从各种渠道听说，但于己又像童话一样遥远，她做梦也没想到过，被禁赛这种遭遇也会落在兢兢业业的自己身上，内心顿然迷茫，处于崩溃边缘。参加过多次国际大赛的朱大队长明白，这样的打击对于一名专业运动员意味着什么，经过朱大队长及时的心理疏导，一段时间的调整后，魏亚楠逐渐把奋斗目标转向四年后的北京奥运会。毕竟自己曾向妈妈承诺过，将来要夺得一块奥运会金牌给妈妈看，每当想到妈妈喜见奥运会金牌时的笑容，并将这枚金牌紧紧地搂在自己和妈妈的怀抱中间，魏亚楠就会立即获得动力，瞬间调整好自己的情绪，积极投入训练。虽然她失去参加雅典奥运会的资格，但想到自己年龄还小，成绩仍然有提升空间，今后还有机会通过努力夺得北京奥运会金牌，正可以利用这段禁赛期，好好调整自己，把竞赛水平再提升一个台阶，四年后的女子马拉松赛场依然可以成为王者，更强大的王者，无人能挑战的王者，而且是在自己的主场，在祖国的首都证明自己的实力，向全世界展现中国人的马拉松最高水平，这是一名中国运动员最期盼的荣誉时刻，就让光芒更加耀眼吧！依靠这份执念魏亚楠坚强地从自我废墟中崛起。

四年很长，这是全力以赴的四年；这是榨干每一滴汗水的四年；四年很短，还没有好好地喘息，还没有停下脚步思考，转瞬便抵达四年的尽头。时间来到2008年北京奥运会前期，魏亚楠的全马成绩以两小时二十三分十七秒达到国际A标，当时国家长跑队领队田晓君对于魏亚楠的成绩十分认可，早在2007年1月份各大媒体赴国家长跑队位于北海市的冬训基地时，便向采访记者们推荐关注魏亚楠，预测2008年北京奥运会女子马拉松项目将成为夺金热点之一。然而，就在北京奥运会即将开幕之际，意外再一次狙向魏亚楠，因中国有关部门称要举办一届历史上最干净的奥运会，要求所有曾经因兴奋剂检测出现过问题的中国籍运动员，都不允许参加本届奥运会。对于魏亚楠个人而言，换个角度可以理解为，2008年那一届奥运会如果不在中国举办，选择在世界上任何一个国家举办，她都能如愿参赛。国家长跑队得到此文件后，田晓君领队首先想到了魏亚楠，替她深感惋惜，纠结该如何向她开口，这是一位已经错失了上届奥运会的优秀国家队长跑队员，这届奥运会再度错过，四年后的下届奥运会恐怕难保锋芒，一名专业运动员能有几个四年可供蹉跎？谁都没有勇气把这个消息通知魏亚楠。毕竟她因一时大意，被禁赛过，受到过处罚，而且解禁后的两年内参加各项比赛也都没有出现问题。如何让魏亚楠接受这道上级命令是摆在田晓君领队面前的首要难题。接下来的日子，田晓君领队一边向魏亚楠封锁消息，好让她继续安心训练，一边为她积极向上级主管单位争取参赛机会。因为田晓君领队很清楚魏亚楠的实力，知道她在奥运会赛场上的价值，不久前在廊坊的奥运会模拟赛上，国家队女子马拉松参赛名单中一共有三名正式队员和两名替补队员，这场奥运模拟赛魏亚楠以遥遥领先的成绩获得了第一名，这个成绩也为国家长跑队本届奥运会马拉松项目能实现金牌零的突破奠定了信心。所以直到奥运会最终参赛名单确定前，田晓君领队仍在努力给魏亚楠争取参赛资格。

距离北京奥运会开幕式还有43天，京津地区已步入炎热的夏季，国家长跑队移师在河北省兴隆县进行封闭集训。魏亚楠此时已把头发剃光，仅留着一层短短的毛寸发型，她说这样更有利于训练时散热，她现在已不顾及形象是否好看，全身心地沉浸在奥运会备赛上。就在这个训练日的早晨，教练组布置了路跑30公里的任务，国家长跑队全体人员出发，从领队、教练、队医，到各方面保障工作人员，全部乘坐指挥车，在公路上跟随长跑队运动员后面，途经路段每隔5公里都会按照正规马拉松赛事标准设置补给站，这实质上就是一场国家长跑队组织的内部小马拉松考核赛。在这种全体领导跟班，全程无死角关注的情况下，每名参训队员都会拼尽全力，去表现自己的竞赛实力，而这样一场训练下来，每名参训队员也同样会将体能透支得筋疲力尽。作为一名专业长跑运动员，除了需要有超出常人的吃苦耐劳精神素养外，如果想长期保持高水平竞技状态，没有科技辅助训练团队的支撑，也是无法长期保持高水平的生理指标，更不可能有机会一次次突破运动员的生理极限，创造出新的竞赛成绩。当时的国家长跑队，对于运动员在科技辅助方面，也逐渐向国际水平靠拢，推动着运动员的成绩稳步提升。这场训练结束返程后，每名参训运动员都要去队医那里采血，通过仪器检测乳酸值以及血氧饱和度，以便教练们能用科学数据更精准地了解运动员的身体状态。魏亚楠采完血后，又独自向教练组提出想回到训练基地再跑十公里的请求，且现场不需要任何工作人员陪伴，教练们都了解她，因为她经常在集体训练后给自己单独加跑量，她这是在给自己下训练任务，大热天的更不想给同事们添麻烦。长跑队教练们看到魏亚楠的检测数据后，同意了她的请求，在场人员都知道，她由于上一届雅典奥运会被取消参赛资格，心里一直憋着一口气，这就是她全力备战北京奥运会马拉松比赛最好的原动力。

只有精英才会做出精英的选择。

国家长跑队30公里的考核刚结束，魏亚楠独自回到训练基地操场，又以不到三十五分钟的时间跑完十公里。训练场外田晓君领队将这一切远远地看在眼里，长久地望着场地内跑痴般的身影，终下决心是时候将这一残酷的命令传达给魏亚楠啦！否则再拖延下去更会让人于心不忍。傍晚，等到全队人员吃完晚饭，田晓君领队独自找到魏亚楠，两个人围着训练基地的外场边走边聊，原计划想找一位教练员代为传达，但为稳妥起见，最终他还是决定亲自出面告知原委，毕竟从事了这么多年的体育工作，不仅关注着国际体坛的动态，还关注着国家体育事业的发展，更关爱着这些为国家付出青春的运动健儿们，魏亚楠被取消北京奥运会参赛资格这件事，也许在其他人眼里无足轻重，但在他心里却是件十分重要的棘手事。田晓君领队首先对魏亚楠的努力和成绩加以肯定，然而再多的赞扬，最终还是向魏亚楠传达了那份他最难说出口的上级部门文件，这也是让他多日来最如释重负的一次谈话："我知道你的心气儿在这儿，也知道你准备了这么长时间，你也是从2004年一直憋屈到现在，但是这个残酷的事儿我必须得跟你说，原本想着能争取到机会，但现在我们真的没有争取到，这已不是你一个人的事儿，所以你也别再这么刻苦了，现在这个团队都是备战奥运会的，你在这看着心情也不好，我给你放个假，回去养一养。"魏亚楠清楚地记得田晓君领队这最后一段话，她知道这既是关爱，又是命令，自己没有选择余地。由于刚过完夏至，晚饭结束后也就是六点多的时间，天还是亮的，但在与田晓君领队匆忙告别后，明亮的室外突然变成了铅灰色，此时她也不想再争辩，她知道领导们该努力的都努力了，自己此刻更不想再跟任何人说话，她害怕遇到熟人，只想赶快钻回寝室，在崩溃之前自己一个人先躲起来。

魏亚楠以最快的速度冲回寝室，反锁上房门，拉严窗帘，手里攥住一把水果刀，将刀刃压在左手腕上，呆滞地坐在书桌前，此时表情的沉默已掩饰不住内心的崩溃，虽然自己根本无法接受奥运会参赛资格被再一次取消，但此刻却哭不出来，她感到连哭的力气都没有。如果说四年前的遭遇只是击倒了她，那么今天的她则被完全击垮，整个人都碎了，有生之年的奋斗突然失去目标，赌上青春拼搏出的自我价值更是丧失意义，完全没有勇气面对第二天的太阳。她突然惧光，只希望这个房间是被世人遗忘的洞穴，谁也不要来打扰，就让她一个人在洞穴里腐朽湮灭吧！虽说四年后的下届奥运会自己还可以通过继续努力再次获得参赛机会，但对于下届奥运会年过三十的自己已毫无信心，为了奥运会金牌目标付出这么多年的努力，奥运梦又一次被彻底终结在奥运会前期，一纸传令压下来连为自己争辩的机会都没有。如果时间可以重来，我选择上大学会怎么样？那条路不会这么辛苦，不用每天累死累活的，我会在20岁开始享受自己的人生，像正常人一样经历自己的青春年华。可是我究竟该怎么做？我一直很听话啊！听领导的话，听教练的话，听所有人的话，训练从不偷懒，连吃饭、睡觉、上厕所都像台机器一样自律，力争把每一件事都做到极致，到底是谁在捉弄我？妈妈，你在天有灵，不能保佑你的女儿吗？你知道她很能跑，现在是世界上跑女子马拉松最快的人，她能给你挣到奥运会金牌啊！你能帮帮我吗？究竟谁能帮帮我啊？胡思乱想像一头疯鹿,在黑暗的脑圈里乱跑乱撞,结果是自己根本想不明白。当下,自己不仅无法面对自己,更无法面对他人,已完全不想见到任何人,心智彻底陷入死结,索性爱谁是谁,到此为止吧!我该去找妈妈了。

当两只手腕准备相互发力时,想到了很快就能看见妈妈,心中泛出一股热流,直奔双睑,高压解阀,极为舒畅。想到妈妈,又想起了姥爷,对不起姥爷,让他失望了,想起姥爷,又想念家乡的哥哥和爸爸,自己这一走,他们可怎么办啊!应该有话留给他们,从小到大这么多年,如果没有他们,自己也坚持不到今天。翻出纸笔,决定写完遗书再去见妈妈,先给家人们一个交代。此时房门长久的敲击声和呼唤声对她丝毫无扰,魏亚楠执念拿出赛场上的专注力做好生前最后一件事。少时,敲击声乏了,呼唤声累了,突然寝室的阳台上跳进一个黑影,黑影迅速打开阳台门,掀开窗帘,背着光急速冲过房间,快速拽开寝室门,一群熟悉得不能再熟悉的面孔鱼贯而入,魏亚楠这才看清黑影是长跑队按摩师小孙,鱼贯而入的是田晓君领队和长跑队其他同事,她下意识地伸手去抓刀,桌上的水果刀瞬间被一只手快速抽走,身边立刻围满了人,坐在椅子上的自己像掉进了人井里,光再一次被遮蔽,之后便是一场从记忆深处无法打捞的嘈杂,魏亚楠至今仍记得那场嘈杂深如马里亚纳海沟。

每时每刻都会有人在生死线上挣扎。

直到现在回想起那天发生的事，魏亚楠都由衷地感谢田晓君领队，如果换成另外一位领导，不知她是否还会有今天。她感慨田晓君领队由于多年从事体育部门管理工作，是一位难得的管理经验丰富，且工作严谨细心的领导，能够真正设身处地地从运动员角度思考问题。他在和魏亚楠谈完话后，看到魏亚楠什么话也没说就默默地离开，并快速奔向运动员们所住的寝室楼，他比谁都清楚魏亚楠是如何坚持到今天，是怎样一步一步创造出今天的成绩，运动员的这种性格，把荣誉看得比自己生命还重要，从小就开始苦练的多年体育职业生涯，让她对未来没有选择，只有拼尽全力做到最高、最快、最强才是出路，这种毁灭性消息对于一名全身心投入的运动员来说，的确太残酷了，否则自己也不能，更不想亲自出面解决这个难题。对于运动员眼神中倾泻出来的巨大绝望，不需要泪水裹挟，也能让触及的目光被感染，并感同身受。魏亚楠的这一次转身，让田晓君领队直觉判断将要出问题，因此没有耽误时间，直接找来几位国家长跑队的同事，一起去看望魏亚楠，所以说田晓君领队在魏亚楠命运中关键的节点上，成了她的恩人。在田晓君领队的组织安排下，之后多天魏亚楠身边一直没有离开过人，二十四小时有人陪伴，直到她情绪稳定并好转，从参赛资格被取消事件阴影中走出来后，才批准魏亚楠踏上返回家乡的火车。

　　回到家乡后，魏亚楠对任何事都提不起兴趣，就连日常跑步也无法稳定坚持，晚上严重失眠，她的精神在很长一段时间内陷入重度抑郁。自从那次打击以后，她的状态再也没能回到从前，虽然后期也参加过全运会和国内一些知名马拉松赛事，但每次比赛状态都非常不好，成绩也不理想。究其原因，基于多年的参赛经验，她对自己还是很了解的，北京奥运会之前的参赛心理状态是，立足于不断突破自己，追求更快的自我，而不是单纯以获胜为目的去参加比赛；北京奥运会之后的参赛心理状态则变成，太想要获得成功，想拿到每一场比赛的冠军，以证明自己还是最优秀的，总是急于求成。以至于每场比赛前夜，睡眠质量都无法得到保障，严重影响第二天参加比赛的精神状态。除此以外，因赛前训练失去了系统性，只要有比赛就参加，盲目过度参加比赛，导致身体状态失衡，成绩不断下滑，待到2012年伦敦奥运会，魏亚楠只能再一次遗憾错失参赛机会。

　　2013年，魏亚楠参加完第十二届全运会后，由于身体状态始终没有调整好，自感前路渺茫，几经心理斗争，主动向八一体工队申请退役。2014年，经八一体工队正式批准，魏亚楠退役了，退役前八一体工队领导极力劝阻挽留，但她去意已决，用她的话讲，就是自己把自己打败了，自己对自己失去了信心。原籍转业后的魏亚楠回到吉林省，受到各界领导以及多方朋友的关心和重视，于2015年5月入职吉林大学第二医院。

2008年8月17日，北京奥运会女子马拉松冠军，被38岁且已是孩子妈妈的罗马尼亚选手康斯坦丁娜·托梅斯库·迪塔夺得，全程用时两小时二十六分四十四秒，这也是迄今为止年龄最大的女子运动员获得奥运会马拉松比赛冠军。北京奥运会女子马拉松金牌的错失，不仅是魏亚楠的遗憾，也是中国马拉松的遗憾，更是中国奥运体育代表团的遗憾，时至今日中国各届运动员也没有实现对奥运会马拉松项目金牌零的突破。

我们曾与这枚奥运会马拉松项目金牌距离如此之近！

魏亚楠说："所以，这真是我人生的遗憾，我相信那个时候，我真的能为国家拿到这块金牌。"

首尔马拉松

我除了经常在北京参加比赛，首尔是我参加比赛次数最多的地方，我代表国家去韩国首尔参加过五届马拉松比赛，第一次是2002年3月17日，那时候我刚出道，那场马拉松也是我第一次获得国际邀请参加比赛，我觉得第一次给国家争了光。那场比赛没有兔子，我也没有陪跑员，在那场比赛中，我是孤独的奔跑者，一路上遥遥领先，在我的后面是位肯尼亚选手，我领先她能有十分钟左右，那时候肯尼亚女子马拉松还不是很强，等到2004年、2005年以后她们才开始强大起来。那场比赛虽然在上午十点钟开赛后开始刮大风，当时的气温也只有10℃左右，天气条件不利于马拉松选手的发挥，但我还是跑了两小时二十五分两秒，拿到了冠军，这也是迄今为止中国女子马拉松选手在国际大赛上取得的最好成绩。那场比赛的后程，只有我一个人在领跑，根本没太发力，我前面没有人，后面也看不见人，整个赛事直播都在看我，看我跑步的技术。那场马拉松结束后，首尔市中心商业区大屏幕把这场马拉松比赛播放了三天，后来赛事组把直播录像带发给我。我那次跑的技术特别好，发挥得特别出色，我的启蒙教练佟友亮老师也看了，他说看我的那场比赛真是不一样，整个人的中枢及髋关节摆动，状态太好了，发力点特别简单快捷，整场比赛的录像可以用作教学片了。

其实我在韩国饮食方面很适应，我特别喜欢吃韩国的饭菜，比在任何一个国家吃得都舒服，他们的菜油很少，对肠道也特别好。即使是韩国的海鲜，我也很喜欢，但每次比赛前我都能忍住，一口不吃，比完赛后，我都会大吃特吃。在首尔的比赛场上，我也适应所有的比赛场地。

2007年举办的那届首尔马拉松我又去了，那次水平就非常高了，赛事组委会给了我10万美金。成为我巅峰时期的收入巅峰，我整个赛程仍始终保持在第一位，没有遇到任何对手的挑战，在自己组成的第一集团里独孤求胜，最终毫无悬念地获得了冠军。2005年、2009年、2011年我也去了，总之，首尔是我的福地，我到韩国首尔参加比赛，很多韩国人会直接喊我的中文名字，就像我的主场一样。包括韩国的很多体育官员，也都关注我的比赛。韩国三星集团曾邀请过我，希望我能留在韩国，虽然会赚很多钱，但我拒绝了，我还是喜欢中国，这里有我的一切。每一次参加首尔马拉松都感到特别幸福，特别自信，都能带给我奔跑的快乐和幸福。

云

　　突闻，一片嘈杂的鸟鸣，大群麻雀又占领了窗外那棵树，叽叽喳喳没个秩序，似在吵架，吵得没个重点，每只麻雀都有意见，满场没有一名听者，全在比音量，誓让双耳屏蔽除自身器官以外发出的任何声音。窗外那棵树应该是指定会场，每逢天气良好的时候，它们经常会聚集在这里，不论吵没吵够，都会瞬间哄离，如果不是怕被园林罚款，自家院子里的那棵树我早就想砍掉了。

　　闭视，一片光催动了视觉，白中泛红，视野内有无形的暗影在扰动，才看出似什么，定睛一看，又不是，细观一会儿，方觉梦醒已回魂。刚刚的经历和体验不可留恋，不能执着，什么也没带出来，想回也回不去，全无意义，只能品味当中的情绪，即使回到旧梦，已非故人！不知是应感谢这鸟鸣，还是该厌恶这嘈杂，不适时地终止一场疲惫，又要开启一段奔波。想要挪动一下身体，还是乏累，不愿睁眼，想再睡去，因梦境中就差一点儿，没有把握好，似错过了什么或将要错过什么，但时辰已到，不可违！惋惜叹惋惜，只有留下遗憾才会被记忆证明经历过，我要经历多少没经历过的经历啊！

止动，一动也不动，恍惚回到八一体工队宿舍，同样是一片嘈杂的鸟鸣萦绕，忽被军号嘹亮哄散，像刚上完发条的闹钟，弹射而起，毫不粘床，不管昨日练了什么魔鬼科目，今晨闻号即起，进入状态，开始执行教练布置的训练任务。当时虽常感到抵近体能极限，但每日充实，心有所向，吃得香，睡得稳，无杂念，不茫然。

想笑，又恍惚来到体育运动学校寝室，听着那片嘈杂的鸟鸣喧闹，证明这是个适合训练的好天气，闭眼静待晨练铃声，少时，炸响！同寝小姐妹们从床上跃起，相互催促着踏上训练场集体晨跑，心无顾忌地迎接不知愁的一天。有人向那棵树吼了一声，满树的麻雀一哄而散，消失在食堂的方向。

笑了，跟着麻雀们的嗅觉飞到儿时小山村的家，在炕上被窝里，被嘈杂的鸟鸣吵醒后，就是不睁眼，用鼻子分析着空气中早饭的味道，等待妈妈做完早饭后的召唤，召唤一遍不动，召唤两遍翻个身，召唤三遍蒙头将身体完全缩进被窝内，直等到妈妈摆好饭菜后，嗔怪地冲进屋里掀开被子。那一瞬，会带来一阵香风，那阵风里除了有饭菜的香气，还有妈妈身上的味道，那是此生遇到的任何香气都无法与之比拟的魂香，这味道可追溯至她初生时期第一次使用嗅觉。

泪目，今天终归是今天，睡在身旁的孩子也被麻雀吵到，翻身一脚彻底踢醒了自己，呼吸频率略有提升，爱人在部队执行任务，已多日没回家。如今的生活，没有教练，没有老师，没有妈妈，全靠自己一个人支撑，精疲力竭，身心交瘁。这群麻雀太讨厌了，真想多睡一会儿，你们知道昨晚我失眠，是几点才睡的吗？那片鸟鸣已不是那片鸟鸣，生活更不是自己曾经憧憬的生活，绝望地被束缚在一位留守家庭主妇的梦境中。

鲅鱼圈，每年的节假日和暑期，这座北方海滨小城都会成为来自东北游客的度假胜地，其星罗的大小宾馆、酒店、客栈、民宿、旅馆即使一房难求，也会被众多东北家庭高价追捧，以豪补一下味蕾对海鲜的饥饿感，誓要将这个夏天的天伦回忆留在这里。2013年，第十二届全运会在这里举办的马拉松比赛，成为魏亚楠职业生涯的挂靴之战。此战，她在状态极为不佳的情况下坚持完成比赛，终点线后被医护人员抬出赛场，对自己极度失望的魏亚楠躺在担架上，心里一遍遍告诫自己，不要再跑了，这是最后一次，绝对是最后一次，从此以后我不会再跑了，真的永远不会再跑了，都这个年纪了，跑下去还有什么意义？2013年5月18日，魏亚楠心如死灰，黯然离开为之付出全部努力的长跑专项赛场。赛终颁奖，女子组冠军被甘肃选手贾超风以两小时二十九分四十五秒的成绩摘得，贵州选手丁常琴屈居亚军，江苏选手魏小杰获得铜牌。魏亚楠赛后回到队里，依旧消沉，长时期对于训练和比赛提不起积极性，自知注定无缘巴西奥运会，再拖延下去，曾经的名誉，会腐烂成将来的笑话，她把自己的装备，赠送给新来的小队友们，直至全部送完，因为她不想再看到这些曾为自己助力多年的装备，去意已决。

夕阳余晖的绚烂，终会被漫天繁星的璀璨取代，而繁星注定也要为朝阳的壮美拉开序幕。

转业后，因对地方医院工作环境的不适应，以及琐碎的家庭生活压力，2015年魏亚楠出现严重的产后抑郁，在他人看来，吉林大学第二医院的正式编制工作岗位，喜得贵子的美满军属生活，此项组合在全国任何一座城市都会被银行等金融业评估归属为高净值人群。但魏亚楠认为，自己的人生已终止于33岁，此后在生活中，她只是一名没有灵魂的演员，在努力扮演着一位同年、同月、同日生，且同名、同姓、同性的家庭主妇，而该剧组的导演却长期失联，颟顸得连剧本都没有，让没有经验的演员每个镜头都处于慌忙应对中，这是一部永远没有导演叫停，也不会有谢幕的家庭伦理剧兼职场励志剧，残忍消磨着她作为马拉松运动员的意志，对手是谁？目标是什么？终点在哪里？这场无规则的永久性比赛，让魏亚楠感到恐惧和绝望。每当夜深人静失眠时常想，实在不行就放弃吧，就放弃这一次，这一次完全是为自己做的决定，将一切重归于零。在医院工作看惯生死，并不恐惧死亡，反正那边也有自己思念的亲人，唯一不舍的是，刚被自己迎接到这个世界的儿子，曾深刻体会过童年失去母爱的痛苦，怎能忍心让自己的孩子幼年即失母爱，如果亲手杀死自己孩子的妈妈，那样做自己真会成为罪人。而自己目前所处的生活状态，是在赎罪吗？

未来的那一天，人类值得被怜悯吗？

朋友圈出贵人，在命运的安排下，魏亚楠偶然获得了机会重归赛场。2017年9月24日，第二十届亚洲老将田径锦标赛在江苏如皋举办。如今的魏马军团白晓文教练得知此消息后，亲自登门邀请并劝说，希望她能参加这场赛会再次为国争光，即使她已多年没有进行过任何训练和比赛，哪怕带着散心的态度，去散跑也好啊！被打动的魏亚楠，以退役前国家级运动员，并且是一位两岁孩子妈妈的身份重现赛场，两场比赛后，轻松赢得女子组5000米和1万米冠军，成功为中国队摘得这两个项目的金牌。亚洲老将田径锦标赛归来后的魏亚楠，不仅从再次为国争光的荣誉中获得了喜悦，更大的收获是，又重拾奔跑的信心，驱散了内心抑郁的阴霾。她发现通过跑步，自己沉寂的心情烟消雾散了，生活和工作中的诸多问题都不是事儿了，思维开始变得敏捷，遇到的很多难题都能迎刃而解。跑步犹如一味良药，治愈了魏亚楠的心疾，跑步更像命运赐予她的护身符，历经多年失而复得后，决然身怀至今。

2019年，那是多好的年份啊！魏亚楠从俄罗斯符拉迪沃斯托克冰上马拉松归来后，在好友们鼓励和协助下成立了跑团——魏马军团，跑团组建不久，便受到社会各界人士的追捧，各行各业爱好长跑和爱好生活的精英们，相继成为跑团学员。魏亚楠通过自己的专业经验，每周制定不同的训练方案，带领学员们一起跑步，让很多学员在短短几个月内便达到加入魏马军团的最初目标，无论是跑步零基础想改善身体健康状况的学员，还是具有一定运动基础想提高配速成绩的学员，甚至是每天依靠药物勉强维持正常生活的学员，都能从每星期仅周三和周六的两次集体训练中，获得减脂、降三高、应对体测、改善睡眠、减轻抑郁、调节心率、提升配速等诸多收益。

恢复跑步后，魏亚楠每天面临的生活和工作并没有改变，由于自己晨跑和跟学员们训练占用的精力，让日子变得更加忙碌。而自己的心情已发生了重大变化，与曾经在专业队训练和比赛的心情比较，体会也不一样，如今又一次感知自己内心的强大，过去那种遇事就想逃，遇人就想躲的心理不知所踪。生活和工作中的很多难题，也可以从容应对。现在，她每天享受跑步，对待他人的态度变得坦荡宽容，过去看不惯的人和事，已完全干扰不了她的心，遇事能从自身找原因，并加以改正，不指责、不抱怨。她认为自己是通过适量的有氧运动，找到了身心压力释放点，又能常跟一群志同道合的人在一起跑步，体会到从未有过的放松和快乐，从而彻底改变了自己的性格。小时候跑步是为了生存，长大后跑步是为了名利，现在跑步心态完全不一样，跑步已深深融入她的生活，并成为她生命中不可缺失的那部分，只有在奔跑途中，她才是完整的魏亚楠。

劫波渡尽，屡挫弥坚，梦启新篇，云泽世疆。

如生存在华夏之地族群，若无荆棘苦厄，安铸中华民族？于人类众民族在马拉松赛道上，虽赛途舛多，数遭重创，但信念未泯，热血难凉，今踏平坎阱，谱就华章，必万族惊羡，锦程焜煌！

在健康的身体内，要有一颗健康的心。

魏亚楠访谈

马：亚楠，你好！今天我代表魏粉和长跑爱好者，以我的现有业余水平，向您请教一些他们最想了解的长跑专业知识。通过您多年的专业运动经历和参加过的各种国际大赛经验，给朋友们介绍一下参加马拉松这项运动以及在训练和比赛时需要注意什么？在服装、饮食、饮水等方面有哪些好的建议？

魏：好吧！那我就把个人的经验，分享给朋友们。我觉得马拉松运动员在装备方面，首先要准备一双舒服的鞋，因为我们跑步距离比较长，所以鞋很重要，一定要穿比较轻的，透气性比较好的，弹性好的跑鞋。随着科技的发展，很多跑鞋都开始带碳板了，过去我们穿的哪有碳板鞋啊！都是很平常的减震鞋，现在我看很多业余选手也都开始穿碳板鞋了，碳板鞋的确对于跟腱、小腿，甚至大脑都非常好，但是这种鞋我们也要因人而异地去选择，因为每个人的足底，也就是跟腱，还有踝关节力量有所不同，如果碳板太高，跑起来可能就会吃力，因为碳板越高就越轻盈，但恰恰对我们的踝关节力量要求也就越高，有些人可能会觉得穿这种鞋反而跑不起来，那就是因为踝关节力量不强。所以说要根据自己现有的能力去选一双舒服的鞋。包括袜子也是，我们要穿一些好棉质的，也就是吸汗的，最重要还是跑起来感觉很舒服的袜子。

马：说到跑鞋，请您指导我们该如何选择？

魏：跑鞋，我不会穿一双太轻的，会选择一双非比赛用鞋来穿，这样在日常训练时可以压低兴奋点。因为本身就是慢跑，所以穿一双普通的慢跑鞋即可，更不需要穿碳板鞋了。但现在经常和我一起跑步的这些朋友们说，他们感觉某踏的碳板鞋挺好，而且经济实惠，后来自己也买了一双，我现在穿的这双是某步，我经常穿某步的鞋，这款国产的牌子也挺好，平时跑步够用了。我觉得日本某瑟士没有咱们国产的这些品牌性价比高，现在碳板技术已经普及应用，咱们国产的跑鞋，包括某丹都做得非常好。

马：跑鞋是穿松点儿的好？还是紧些的好？

魏：穿正好的就可以，不要松也不要紧，尤其是现在的跑鞋，它本身就是碳板的，如果松了，跑起来会不跟脚。

马：有关跑鞋我还想问一点，据说美版和日版的跑鞋，会细致到根据购买者平时跑步鞋底的摩擦点制作跑鞋，有的摩擦点是前脚掌，有的是脚掌外侧，有的是足跟，对于业余选手来说这很重要吗？

魏：其实这不是鞋的问题，是看跑步的技术，看着力点在哪个部位？像我每一双鞋都会磨脚后跟外侧和前脚掌，我都是磨这两个点，说明我着力点是滚动式的，以脚后跟外侧着地滚到前脚掌，这是跟技术有关系的。

马：这种碳板鞋脱掉以后，如果再换传统的跑鞋会不会改变运动习惯？

魏：其实我认为一双跑鞋不重要，重要的还是改变自身，要调整脚趾、脚掌、踝关节的发力点，要从整个脚的技术动作上下功夫。

马：既然聊到这儿，我想替长跑爱好者们问一个现在网上争论得很激烈的话题，就是最合理的跑姿，应该是前脚掌着地，还是足跟着地？还是脚外侧着地？

魏：以我个人经验，如果在训练课当中正常要跑一个全马的话，根本不可能是完全的前脚掌着地，如果完全的前脚掌着地，整个小腿，包括足底，以及跟腱承受的力量太大了。全马四十多公里，半马二十多公里，怎么能有这么强的力量去跑完？即使跑完也一定会受伤的。我觉得应该是脚外侧很自然地下落，然后脚外侧滚动到前脚掌，这应该是适合多数人使用的合理技术。但也不是全程都使用这一个技术，应该还要有变化，随着我们从有氧到无氧，如果跑到最后阶段冲刺的话，一定是要用无氧的，这个时候技术一定是要发生改变的，也就是要用前脚掌着地，冲刺的时候，就不可能再脚外侧滚动到前脚掌了，肯定要用前脚掌去着地。

马：好！亚楠，接下来请分享一下服装方面的心得。

魏：衣服总体来讲需要关注两个方面：一方面是透气率较强的；另一方面是吸汗较好的。比如说冬季跑步需要穿一些吸汗的，夏季跑步要穿轻薄的、透气率较强的。但是我个人认为衣服也好，鞋也好，实际上是根据今天我要完成的训练内容去着装。如果今天的训练内容是一般有氧能力的慢跑，那么，即使是夏天，我也会穿裤子或者是半袖，不会穿背心和短裤。如果要跑强度的训练内容，比方说今天要练变速跑，那么里面可以穿一件背心，下面穿条短裤，在背心外面穿一件薄薄的贴皮肤衣服，短裤外面再套一条轻薄的速干面料裤子。

此外，我们在跑主课之前会做准备活动，要有一定的热身，就是要结合训练内容来着装，在参加训练课时，做完20分钟的准备活动，然后把外衣脱掉，穿背心和短裤上场跑。现在我发现很多业余选手，包括专业选手在赛场上也是，平时训练就没有养成好习惯，他们很早就脱掉外衣，甚至上场的时候就直接穿背心和短裤，其实这样是不科学的，平时训练也要养成好习惯，这样做一是能保持我们的热量，二是可以防伤病，让每个关节，每块肌肉都有效活动开，都热起来，所以说着装是要根据训练课内容来选择的。从神经敏感度上来讲也是同理，今天我脱掉外衣以后就是要快跑，需要让肌肉紧张起来，平时慢跑就随便了，穿上一身自己喜欢的便衣就可以去跑，总之，就是要根据训练课内容来选择当天的着装。

比如，我现在组织的这个跑团——魏马军团，我们有时候会去跑山，跑山之前我会提醒大家，今天要穿越野鞋，越野鞋就是鞋底的颗粒相对高一些，抓力大一些，可以防滑，山上杂草和树枝较多。我也会让大家穿一条薄薄的长裤，上衣可以穿半袖。所以个人认为，不是我挑剔，我的学员一开始不理解为什么我这么细致，虽然现在我们都是业务选手，但也要做到细致，可以有效地避免出现伤病。

马：明白了！我看很多国外长跑选手，平时跑步爱穿很厚的衣服，甚至穿那种套头厚卫衣和运动长裤。

魏：是的，其实我也是这样的，专业选手平时大多数都会这样。马拉松运动员是需要代谢的，比如说糖原储备，就是在储备能量。因为慢跑的时候消耗，一定是没有强度课消耗量大，平时慢跑的时候又不要求速度，以恢复为主，所以都喜欢穿长卫衣和透气好一些的长裤。鞋也是，我也会穿沉一点的跑鞋或是越野鞋，这样着装本身就是给自己增加了难度，排汗也会比正常的要多些，也可以减脂，因为马拉松运动员不能让自己的脂肪太多，也不能让自己天天快跑，所以慢跑的时候就可以多穿一点，这样代谢会加快，出汗量也会大。

马：您看长春这里，尤其是冬季，有半年的时间气温处于零下，跑友们在这种气温下跑步您对着装有什么建议呢？

魏：冬天的时候，肯定不能像夏天那样着装，需要穿得厚一点。比如袜子，夏天穿一双短袜就可以，冬天最好穿中袜或者高袜，我冬天穿的袜子一般都会超过踝关节，盖过踝骨，因为这样会保护关节。下半身会穿一条弹力裤，弹力裤外面再穿条风裤，风裤可以挡风、挡寒气。上半身外面通常穿一件卫衣，里面穿一件棉质的贴身衣服，如果室外冷，会在卫衣外面再穿一层风衣，如果特别冷，再加件轻便的棉质马甲保护腰部和腹部。手上的话，我建议大家戴手套，我自己一般会戴棉质的手闷子，不要戴五指独立的那种手套，那种手套会冻手指。如果冬季参加比赛，比如参加长春市冰雪马拉松，我就会戴五指独立的手套，因为这样的手套还是轻便一些。头部，我就戴一条很简单的遮汗头巾，缠上就行，只要把耳朵保护好就没问题，不用戴那么厚重的帽子。如果女孩子怕冻脸，可以买一些脸贴保护脸部，挺管用的。其实北方的冬季是储备能量的好季节，能储备很多的能量，作为长跑爱好者，要善于利用这个季节储备能量。

马：很好！着装方面基本就这样，下面请您再介绍一下饮食方面，包括日常饮食和赛前饮食的注意事项。

魏：我认为马拉松饮食还是应该以碳水化合物为主，不要摄取过多的油，因为这项运动对体重要求高，还不能过于控制体重，如果体重过大，关节承受的压力就会大。一场全程马拉松四十多公里下来，需要跑那么长时间，体重大的跑者不仅比体重小的跑者消耗能量大，而且对自身关节的冲击和磨损也大，所以控制体重对马拉松运动员来讲是非常重要的。我平时的饮食就是早上一定要补充蛋白质，因为有足够的蛋白质，才能弥补训练时肌肉所消耗的成分，肌肉是需要蛋白质的，所以我早上通常喝粥或牛奶，吃两个鸡蛋，然后再吃一点咸菜，吃咸菜是为了让我们跑出汗后腿不容易抽筋，不会觉得没有力量。我建议长跑爱好者平时要多吃香蕉，每次训练完，应该先补充两根香蕉。吃饭时要多吃土豆，土豆有助于细胞恢复，都说土豆是马拉松选手的兴奋剂嘛！香蕉和土豆可以多吃，怎么吃都行，是非常有利于补充能量的。另外，也要补充大量的水果和绿叶青菜等，建议多吃香蕉、西红柿、火龙果、蓝莓等，这些都是必要的。我们平常人也是一样，尤其是长跑爱好者，一方面追求成绩，另一方面通过跑步减肥，有些血脂、血糖高的跑友，希望通过适量的跑步，把整个身体机能调节好，达到减少脂肪、减轻体重、降低血压的目的。如果光通过跑步，不结合科学的饮食，是达不到理想效果的。我有一名学员，他参加跑团的目的就是减脂、降压，我常和他讲，我不能细致到告诉你每天具体吃什么，但一定要记住，早上就吃大量的蛋白质，建议吃鸡蛋和奶制品，而且要控油，不要吃炒菜，早上可以吃一般的小菜，拌青菜或者咸菜；中午可以吃一点带油的菜，因为这是中国人的饮食习惯，中午最好吃丰富点儿，但不建议吃油炸食品；晚上还是建议不要吃炒菜，多吃些玉米、南瓜、土豆、地瓜类的食物，再吃一些通过蒸煮加工的肉制品，这些蒸煮出来的食品有利于补充营养。

马：如果想参加马拉松比赛，长跑选手赛前和赛后的饮食应该注意什么？我想这一点是绝大多数跑友比较关注的问题。

魏：赛前饮食正常来讲，要从比赛日起往前推三天，这三天需要大量地补充糖原，原则上不要吃太多肉，因为肉不好消化，赛前我们需要碱性的食物，而肉属于酸性的食物，吃到体内以后，会让肌肉发酸。所以比赛前三天，要补充含糖量较高的食物，或是碳水化合物，比如说米饭、馒头等。要是有条件，每顿都吃一点米饭，再吃一点馒头，这样补充是最好的，建议尽量不要吃单一的食物。

马：我看有些俄罗斯选手参加马拉松比赛，赛前就吃面条。

魏：那是不对的，我们可以将米饭、馒头或者面条穿插着吃，否则比赛时会感觉没有力气，他们吃面条可能是怕肠胃有问题。如果发枪时间是上午九点，就往前推两个小时，早晨七点停止进食，也就是说早晨六点半开始吃赛前最后一顿饭，这顿饭可以喝一些咖啡，最好在咖啡里加些糖，喝咖啡一定程度上可以起到让神经系统兴奋的作用。我建议不要加奶，更不要喝奶，容易引起肠胃不适，有些人对奶的反应很大。如果是西式早餐，可以吃鸡蛋、面包等食品。吃完早餐后休息一会儿，等到开始比赛前一个小时多喝些运动饮料。发枪后，在比赛过程中要尽量多喝水，补充糖，比如含葡萄糖之类的饮品。如果是跑全程马拉松，从第一个五公里补水点就要开始储备，前期的储备非常重要，在后期能量代谢已经消耗尽了，就要用比赛当中的储备。我一般比赛前三天喜欢吃鸡蛋、西红柿、菜花之类的食物，基本上不吃肉。我现在作为一名业余选手来参赛和过去作为专业选手来参赛都是一样的，在参赛三天之前就要大量地补充蛋白质。

马：马拉松比赛后恢复阶段的饮食应该注意哪些？

魏：赛后恢复也尽量不要吃肉，一定要清淡饮食，不要着急去补充大量的肉，我认为怎么也得过两天以后才能吃肉，因为吃肉以后，饮水量必然也要增加，那样体重会迅速反弹。所以清淡饮食，对水的需求量也不会那么大。

马：马拉松比赛结束后的饮食，需要在比赛结束后多长时间开始吃东西最为合理？

魏：这其实都无所谓，需要看消耗的程度，有些人跑完比赛真的就吃不进去东西，只想喝水。

马：补水方面呢？

魏：补水方面，我发现业余选手通常不喝水。你想想，尤其他们跑到最后渴了才喝水，其实这真是不对的，平时跑步超过十公里就应该养成补水的习惯。如果跑十公里以内或者时长六十分钟之内以及一般的慢跑都不用补水，但如果有十六公里或者是二十公里以上的跑程，每五公里就要补水，二十公里以内可以不补糖，但一定要补充水分，比如每五公里拿矿泉水瓶喝几口，喝的时候不要停下脚步，因为我们的心脏，不管是慢跑还是快跑，都处在奔跑状态下，停下来喝水，反而心跳变化会很大，这样的刺激很不好。就在跑步过程中喝水，可以把水瓶放在场地较高的地方，或者选一个方便拿的地方，拿起就能喝，不需要停跑，一定要养成这样的习惯。如果跑二十公里以上的距离，就需要注意补糖了，可以买一些运动饮料，或者拿蜂蜜、果汁等用水冲好了带着。如果跑全程马拉松，还建议再补充一些盐，因为马拉松运动是代谢类项目，没有能量的及时补充，后期就跑不动了，所以·定要注重补水、补糖、补盐。

马：那不跑步时，日常生活中该如何补水呢？

魏：如果不跑步的话，我认为每天至少要饮1500毫升到2000毫升的水，而且要勤饮，每次少饮，别咕咚咕咚地喝水，一次喝100毫升左右。因为饮水太重要了，水有助于新陈代谢，它会清洁我们的血液，不光是跑步要保障饮水，平时也要注意饮水。尤其每天上午饮水很重要，下午四点以后就可以减少饮水了，我通常每天上午就能喝至少1.5升水，也就是三瓶500毫升矿泉水。

马：你每次参加马拉松比赛，赛前和赛后体重能相差多少？

魏：那要看情况，如果天气非常热的时候，我体重可能会掉两斤或者是两公斤左右，但有时候不会掉体重，因为跑得越好，越是不会掉体重。参赛的时候会边跑边补充，无论是在国内还是国外比赛，我都有自备的饮料，在国外参赛前会把自己的饮料写上CHINA，贴上国旗。在国内参加比赛，会写上省份和自己的名字，跑到补给站抓自己的饮料，所以能量补充得好，是不会掉体重的。合理的补充是，每5公里补糖原，每2.5公里喝水，但不要喝得太多，慢慢地含服，一次喝两三口就够用了，每一站都补充，这样能给身体供给足够的能量，体能当然就会保持得好。

马：还有一个很多长跑爱好者关心的问题，就是在跑步时思考问题会影响体能吗？

魏：不会的，思考是可以的，自己一个人跑步的时候，那是一种享受，这个时间是完全属于自己的，可以想任何事情，捋顺自己所有的问题，特别的好。这也是跑步带来的好处之一，只有在这个时候才能集中精力独享思考的乐趣，如果平时不跑步，能这么集中精力地去想一个问题吗？我们在比赛时也好，平时训练时也好，跑到最后都会非常疲惫，大脑是一片空白的，没有任何事情能想，如果还能想，说明还没有疲惫，等跑到最后阶段只能听见自己的呼吸声，这就是放空自我了。

马：亚楠，接下来请您给长跑爱好者上主菜吧，就是有关训练方面的建议。

魏：那我就先说赛前吧！我作为一名专业选手，这么多年推动我们的全民健身事业到今天，通过总结带领业余选手跑步的多年经验，个人觉得即使作为一名业余选手，只要喜欢跑步，喜欢马拉松这项运动，日常跑步就一定要有计划性。首先我们身在北方地区，一个绕不开的话题就是冬训，冬季我不建议参与过多的比赛，如果比赛过多的话，作为业余选手很难控制自己的兴奋点，容易造成体能消耗和关节损伤。冬训是一个大周期，训练计划可以分成三个月，这三个月作为最基础的有氧能力训练，要完成大量的跑量，要通过自身的能力，循序渐进地去增量。比如说一个月第一周跑五十公里的跑量，第二周可以跑一百公里，第三周就要跑到一百五十公里的跑量，第四周需要跑完两百公里，这是按周来计算；按月来计算的话，这三个月都在做一件事情，都在储备运动量，大量地储备有氧能力，一点强度都不要有，冬训就是储备！储备！储备！冬训之后是春训，这是一个衔接点，要为转到赛季做准备了。那么这个时期要突出什么呢？要突出增长专项力量，通常我用的方式就是跑从200米到400米到600米坡道，找一个环境好的坡道练习，坡道跑更容易刺激我们的专项力量，在坡道跑时期我们的基

础有氧能力训练还要有，但这个时候就要减量了。北
方从五月份开始，就进入整个赛季了，尤其第一场比
赛要根据具体时间，制订好训练计划。赛季训练计划
在第一阶段，还是以基础训练为主；第二阶段就是突
出专项能力，要有强化训练，突出训练重点；第三阶
段为赛前训练期，赛前训练一定不要过量，要调整好
自己的状态，根据现有能力来制定应该跑什么样的强
度。

马：如果报名参加全程马拉松比赛，两场比赛之间建议间
隔多久呢？

魏：其实作为一名业余选手，我建议至少应该超过三周再
进行下一场比赛，不能太频繁。有人说可以达到一个
星期跑一场比赛，这样身体是没有得到彻底修复的，
一定会感受到身体给到的反馈，膝关节和踝关节都会
有感受。因为通常比赛路况都比较硬，赛事期间比平
时训练要求的强度要高，如果比赛过于频繁，时间长
了一定会对身体有不利的影响。

马：进入秋季该如何制订训练计划？

魏：秋季通常来讲也属于赛季，除了冬训和春训，夏天和
秋天都属于赛季，而且秋天的天气状况和气温条件，
非常适合北方城市举办大型马拉松赛事。这个时期第

一场比赛结束以后，可以以赛代练，根据自己的能力安排接下来的赛事计划。但是注意跑量不要过大，我看很多业余选手的跑量都比较大，然后追求发朋友圈，在朋友圈发布说这个月跑了多少场比赛，还有几场比赛要跑，还差多少公里没有完成计划跑量。其实我觉得没有这个必要，追求跑量做什么呢？每位跑者无论是减肥也好，还是突破自己也好，要按照自身的实际能力来制订计划，运动量过大，不仅容易造成伤病，反而还会增肥，增加肌肉的围度。

马：请您重点介绍一下参加马拉松比赛前应该如何制订训练计划吧！

魏：我现在讲的赛前准备期计划，是给跑龄超过两年，而且具备成熟跑马能力的业余选手们的。在这种前提下，我们要以三个月为一个周期，并且每个周期分为三个阶段：

第一阶段是练三周调一周，这部分需要增加跑量，带些提高心肺的耐乳酸能力的变速跑，这个运动量属于基础部分，不能同于冬训跑量那么大、时间那么长。第一阶段这三周训练内容是整体跑量的平均分布，不要盲目突出一堂课的跑量和强度。我的意思是这三周都不要跑得太快，要在有氧范围内，心率要保持在150以内，不要做无氧训练。比如报名参加全程马拉松的比赛，赛前就要按全马做训练计划。那么第一周的第一天，也就是星期一，可以跑10公里的节奏跑，星期二可以下调一些跑量，星期三跑15公里，星期四下调跑量，星期五和星期六再跑个20公里，星期日跑休，这样的训练节奏，以第二天能恢复过来为标准。也就是说一周要保持三次重点课，而且星期日一定要休息，即使想跑也不要跑了，就让身体充分休息。第二周的三次重点课可以反过来跑，星期一跑20公里，星期二下调跑量，星期三跑15公里，星期四下调跑量，星期五和星期六跑10公里，星期日跑休。第三周的训练计划与第一周相同，这样，让每周的跑量由低到高，再由高到低，然后再由低到高，最后三周结束。这是个有效的训练方法，具体跑量每个人根据实际能力自己设定，我没法给出定数。我觉得这么多年带业余选手们跑步，最重要的是学会了因人而异地制订训练计划，每名选手也要学会感知自己，了解自己，当掌握了自己的节奏以后，就会感知自己、了解自己了。经过一两年的系统训练后，当再跑步的时候，甚至都知道自己每迈一步会是什么节奏。有时候别人都问我，魏老师你怎么不戴表，我说我不用戴表就知道我的配速是多少。第四周是放松恢复周，有条件的可以约朋友打打篮球，或者是踢足球，也可以跑越野，找一些沙石路、土路慢跑，让所有的神经、肌肉、关节完全放松下来，为第二阶段训练做准备。

第二阶段主要训练的是运动强度，不单纯是跑量了，要有间歇跑和变速跑，一周可以设定两场强度训练。比如说第一周选择星期三跑间歇课，选手可以根据自己的能力跑200米、300米或者400米，每场跑10个、15个或者20个，水平较高的选手可以直接跑400米间歇，但在间歇跑之前，要先跑8公里到10公里做准备活动，准备活动也需要一定的节奏。星期三跑完以后，星期六就要完成跑量，可以跑一场20公里，因为第一阶段最大的跑量是20公里，所以这周就要突出20公里。第二周还是以星期三和星期六为重点，星期三跑长间歇，根据自己的能力选择完成1000米、2000米或3000米间歇跑，这一场整体间歇跑量不超过15公里即可，星期六还是跑一场20公里。第三周的星期三跑400米变速，每个400米跑得快慢不重要，重要的是每个400之间的变速，这周的星期六还是跑20公里。其实，第二阶段这三周的训练最累，这个阶段既要有跑量，又要有专项强度，属于强化阶段训练，因为这个阶段恰恰是能提高成绩的时候，强化心肺、强化力量。然后第四周还是放松恢复周，之后就要进入第三阶段的赛前训练了。

第三阶段的赛前训练就不要像前两个阶段按周来计算，要按天来计算。可以调三天练一堂课，但这一堂课的质量要比较高，就是完全达到专项训练水平。比如这一堂课，要跑30公里的强度，这30公里就要按比赛节奏跑，一定要达到有氧上限和自身能力的极限。但我要重点提醒每一位长跑爱好者，每个人都不要和其他人去比，无论和谁在一起跑步，都要跟自己比，无论跟多少人去比赛也是一样的，所以说要根据自己的能力来制定训练强度。

除了这三个阶段以外，还要注意个人的核心力量、关节力量和专项力量的训练。其实跑得快慢都不重要，一定要跑得健康，不能因为跑步导致伤病，要无伤无病地去跑步，所以这三个力量的基础训练非常重要。其中腰肌、腹肌、背肌的核心力量至少一周要做三次，最好能天天做，网上有很多种训练方法，可以自己查一下，找到适合自己的训练动作。关节力量要重点练习，踝关节、膝关节、髋关节，包括手臂力量也要练习，有助于摆臂运动。另外，手指和脚趾的练习也不能忽视，都要靠日常训练慢慢堆积出一定的力量。小关节力量除了做一些专项的动作，也可以通过跑山路、跑沙滩、跑砂石路来增强关节力量，这样训练特别好，不要平时训练的时候总去跑一些公路场地，恰恰是平坦的道路，不利于训练关节的力量。如果这些基础都打好了，跑起来的动作自然会非常协调、非常漂亮。否则当你跑步集训时，我再现场纠正你的技术动作：要摆臂、大腿要向前、髋关节要顶出来，等等。你能用正确跑步姿势跑出来五十米、一百米，但你完全不能长时间保持控制自己的身体，因为力量没有达到。可以说要想长时期保持无伤病地去跑步，核心力量和关节力量都非常重要，因为每个人的颈椎、腰椎，包括所有的身体关节，都是靠肌肉来保护的，如果关节周围肌肉力量不足，稍有运动强度就会出现伤病。

马：我曾看到过某些短视频的宣传，内容是强调长跑爱好者如果想跑得快，就要先慢下来跑，用闭嘴呼吸法慢跑，长时期坚持可以提高速度，而且说这是日本跑圈内很多人都认同的一种训练方法，您从专业角度分析一下，这种方法可取吗？尤其关于跑步呼吸方面，有什么更好的建议？什么才是最有效的呼吸节奏？

魏：我个人还是建议两步一呼吸或三步一呼吸的节奏，慢跑闭嘴呼吸法，无非就是让初学者提高肺活量，那和戴上口罩跑一个道理嘛！我认为呼吸就应该是自然呼吸最好，闭嘴也好，张嘴也好，如果在有氧下限的话，心率可能在120到130之间，这个时候也不喘，张嘴或闭嘴都可以很随意。如果说心率上到140，或者150以上了，像我这种从事过专业长跑的运动员，最后心率能达到200，你能闭嘴吗？有一次，我作为业余选手参加吉林市马拉松比赛，途中遇到一位长春市六中跑团的大哥，那时候我们不认识，那位大哥当时也是好意，跑到我身边告诉我说你别那么喘，要控制呼吸，吸两口气儿，喘一口气儿，三步一呼吸，我当时没有说话，微笑表示感谢。实际上跑步最重要的不是控制呼吸，而是控制脚下的节奏，用神经来控制肢体的节奏。开始跑步的时候，没有进入疲劳状态，在有氧范围内不用喘，当跑到有氧跟无氧相结合的时候，就开始喘了，如果跑到最后一定会进入无氧状态，跑马拉松没有无氧状态，也不可能挑战自己啊！为什么说坚持长跑运动对身体非常有好处呢？它不像短跑运动那样是直接进入无氧状态的，而是慢慢地通过身体信号，当自身体能消耗到一定程度，才进入无氧状态的。我跑了这么多年，其实，在训练过程中不断地提高自身有氧能力和肺活量，自身的心率和呼吸频率必然会下降。所以说呼吸就应该自然地去呼吸，尤其跑到最后无氧阶段，还要大口呼吸，不要屏住呼吸。有很多人说练核心力量就要屏住呼吸，我曾看过有些做平板支撑的，撑到最后就憋住不喘气了，其实那是错的，一定要练习喘啊！什么时候都要张嘴喘气啊！如果憋住不喘气的话，身体需要氧气时，你却不给它提供氧气。当比赛跑到最后冲刺阶段时，如果能喊出来才叫好，不是让你刻意地喊，要自然地喊，这样的话，能给身体提供更多的氧气啊！

马：接下来，请再谈一谈对小肌群训练的建议。

魏：相比较大肌群来讲，小肌群力量的确更难练一些，除了我之前建议大家去跑山路、跑沙滩、跑砂石路来增强小肌群力量，我还可以分享几个日常锻炼小肌群的简易方法，大家平时多做练习，还是很有效果的。比如晚上在家看电视或玩电脑的时候，别让脚趾闲着，可以拿条毛巾铺在脚下，用两只脚的脚趾慢慢地，一点点地去抓，抓完以后铺平再抓，反复地抓，每两次抓铺为一组，可以多做几组，每天抓十分钟毛巾就好。这个动作如果能坚持三个月，就会有很大的改变。另外，也可以在看电视的时候，做抬腿动作，上抬腿和侧抬腿，以及后抬腿和后蹬腿，这都是平时没事在室内就可以练习的。如果是在户外，可以练兔子蹦，就是找一块平坦的路面，踝关节展开，双脚并齐向前蹦。另外，也可以做直膝跳的动作，比如我们找到一棵树，树下要有松软的土，每天跑完步后，可以站在树下直膝向上跳，左右手举过头顶交替地往上摸树枝。

马：这种直膝跳摸树和常规直膝跳有什么区别吗？

魏：因为常规直膝跳运动是固定模式，它太固定了，发力点少，几乎和正常跑步发力点是一样的，效率不高。直膝摸树这个动作不仅练下肢各个关节力量，包括踝关节、膝关节、髋关节，连脚趾和足弓力量都能一起练，还会练到上肢的腰椎、颈椎，以及肩关节、肘关节、腕关节、指关节，你看这个动作练习部位多全面。尤其对一位跑步初学者来说，各个关节力量都不足，甚至连单腿站立平衡都掌握不好，还怎么谈长跑呢？跑步的时候它就是两条腿分别轮流做支撑运动，如果想快速增强各个小关节的力量，就要提高小肌群的训练效率，坚持长期按我的方法练习，就会有效积累出自己所需要的能力。这个直膝跳摸树动作是我自己琢磨的，可能很多人也会做直膝跳，但我是用直膝跳来摸树，全身都能得到锻炼，我觉得这个动作挺好的，效率挺高的，希望能够帮助到大家。经过这么多年的训练，我琢磨了很多动作，经常把好几个动作结合成一个动作，因为马拉松的路很长，除了天赋和勤奋，多动脑也是提升自身能力、缩小和他人差距的关键。

马：我发现身边很多长跑爱好者，经常去健身房进行专项力量训练，或者长期进行大跑量训练，这些方法对于快速提高成绩会有效果吗？

魏：首先去健身房是可以的，但别做单一的增肌训练，一定不要增加肌肉，增加的肌肉不仅会给长跑者的身体带来负担，还会使身体力量不平衡。我们最重要的是解决耐乳酸能力和增加关节力量，还有增强核心力量。我们会经常看到跑步的时候，有些人前倾过大，或者是晃得很厉害，这都是不好的。他为什么晃啊？那是因为他的核心力量不行啊！中枢神经控制得不好，身体力量不够均衡。作为专业选手，为什么要做这些系统的基础训练？反而很多业余选手根本不注重这些训练，他们只注重每天跑多少公里，能跑30公里，不跑20公里，他们认为这是对的，其实完全错

108

了。不要做那么多无效的跑步训练，不仅跑着累，没有新鲜感，还会使肌肉失去弹性，做不到可快可慢，获得有效调节速度的能力，长期这样跑下去，跑姿是不会漂亮的。

马：接下来这个问题我不是为长跑爱好者提的，而是替即将面临中高考的学生请教的，体测成绩都开始计入中高考总分数了，能不能根据您的经验和心得，在这里给各位家长和学生提供一些有效且实用的建议，尤其是男子一千米和女子800米的体测，在不用请专业体育老师的情况下，孩子们自己该怎么练才会取得满意的成绩，而且还不需要占用太多学习时间。

魏：我个人认为，我们中国的孩子在十岁之前，总体来讲不宜过早地在体育方面选择定向，就是说在十岁之前一定要先做好基础的体能训练，也就是素质训练，素质训练可以通过走、跑、跳，加上各种灵活性训练，来训练自身的核心力量，准确地讲就是练腹肌和背肌，还有小关节肌肉群的力量，通过肌肉群的力量组建，来增加身体各部位关节的稳定性。如果想要小关节的肌肉群力量快速提升，家长周末可以带孩子跑跑山路啊，爬爬山啊，再加上平时练一些小跳等运动，来配合素质训练。这样的训练可以让我们的孩子在十岁之前，把核心力量跟心肺功能基础打好，然后再让孩子去选择，定向打羽毛球、乒乓球、排球、足球、篮球等运动项目，因为这些球类运动都需要有良好的体能基础和身体强度。如果素质训练基础打好了，可以有助于长久性保护我们的各关节部位，降低各类运动造成的伤病风险。然后再让我们的孩子去练习跑步。初期练习时也不宜跑过长的距离，我看到过很多家长上来就让孩子跑5公里、10公里，甚至是马拉松，这样做是非常不科学的，即使孩子爱好长跑运动，将来想搞长跑专项，我也不建议小时候跑过长的距离，应该科学地、循序渐进地加量。尤其为了体测考试拿分数，孩子们平时练习跑800米到1500米以内就可以了，开始阶段可以先让孩子们适应这个跑量，快慢无所谓，能够顺畅地、舒适地跑完这段距离就可以，然后再通过每次设定不同的训练内容，比如间歇跑100米、200米、300米、400米，或变速跑100米、200米、300米、400米等科目，刺激孩子的心肺功能以及有氧和无氧能力，来达到孩子快速提升体测成绩的目的。这类详细训练方法，可以参考我为成年人提供的训练方案来练习，只不过相应的跑量要减少一些，降低成为孩子们适应的跑量就可以，切忌跑量过大，训练时间过长，要以快乐跑为主。这样就会给孩子们的体能素质和心肺功能奠定一个良好的基础，体测成绩在短期内必会有一个明显地提升。其实当孩子的运动综合素质能力上来以后，不仅是跑类的科目成绩会提高，其他体测科目成绩都会明显提高，因为他练的就是综合运动能力。那些基础体能项目，也可以通过游泳、慢跑、跳跃等，加上各种身体灵活性运动来增强。当打好个人能力基础后，再根据孩子们的爱好，选择自己喜欢的运动项目，这就是我对孩子们素质训练的一点经验性建议。

马：我们都知道，如果想参加马拉松运动，坚强的意志是一名马拉松运动员需要具备的基本素质，现在国际上对一名优秀马拉松运动员的评价，除了在参加国际大赛期间创造的PB，另一个指标是统计其完赛率，据外媒官方统计，基普乔格至今仍保持着百分百的完赛率，你目前的完赛率怎么样？

魏：到目前为止，我可以说是跑了二十多年的马拉松，参加过的大小比赛能有数百场，无论是专业比赛，还是业余比赛，包括各类比赛场地，在我的记忆当中，不管在多么艰苦的条件下，我真的是没放弃过一次，每一场都能做到完赛。我在美国波士顿代表咱们国家参加比赛那一次，由于对当地的饮食不适应，赛前吃坏了肚子，比赛刚开始就拉肚子，为了拿名次，不敢下场上洗手间，实在忍不住，我就边跑边拉，即使在那种情况下我也坚持跑完了全程，跑下来以后，我的两条腿那就别提了，包括我两只脚上磨得都是大血泡，就那样我也跑下来了。还有一次，就是我在北京参加国际马拉松的时候，那是第十届全运会，刚起跑没多久，大概跑到四公里的位置，我的左脚趾骨骨折了，当时我也想不到是骨折啊！只知道疼，等我坚持跑下来以后，到医院检查时才发现是左脚趾骨骨折，但是就在那样的情况下，我也跑到了终点。包括我最后一次在鲅鱼圈参加的专业比赛，那是第十二届全运会，2013年全运会我是参加的一场团体赛，全程跑完后，我两条腿的后肌群全部都出血，就是那种肌肉出血，两条腿后肌群全都往外渗血，但是我也坚持下来了，最后下来的时候是由担架给我抬回长春的。早年还有一次，我在新加坡比赛，由于对当地气温不适应，比赛前没有休息好，那次也很惨，到最后是里倒歪斜跑下来的，直接在终点晕倒了，当我再次睁开眼睛的时候，已经躺在救护车上了！我跑了这么多场马拉松，能说的故事有很多，每一场我都能讲出故事来，收获很多的感受。不管参加哪一场比赛我从来没有想过退赛，在任何困难情况下，我都会坚持完成比赛，这是一名运动员的使命与责任，是骨子里的东西。马拉松教会了我在做任何事情的时候，只要开始做了，就会用任何方法把它坚持做完。我不仅在跑马拉松时没有退过赛，在平时训练时也养成了这样一个习惯，我上训练课，无论是身体不舒服啊！还是生理期！还是当时的状态多么不好啊！还是情绪怎样的消沉啊！跑不动啊！我都会坚持把这堂训练课完成。正因为在平时训练课养成了这样的好习惯，我在参加比赛过程当中从来不会选择退赛。虽然现在不能再代表国家出征，不能再代表我们部队出征，作为业余选手，我还要代表自己啊！这就是我在专业队养成的那种比赛的竞技状态，那种习惯是改不了的，即使现在的某一场比赛，我取不上名次了，用别人的话说，就是你这场比赛都取不上了，也挣不到钱了，你就下来吧。不行！因为对于我来说，真的是没有这个退赛习惯，如果这样做，自己都不能饶恕自己。

马：下面这个问题，也是很多长跑爱好者关心的，就是在跑马拉松的时候能否感到快乐？是否享受跑马拉松的过程？

魏：对！实际上，跑马拉松是疲劳的、痛苦的，我们追求的是跑完之后的快乐。

马：对！要的就是这种快乐！

魏：但怎样才能用各种训练方法把自身的身体素质和奔跑能力提高上来，然后再运用到比赛过程中去挑战自我，这就要讲"科学"二字了。

马：是的，科学地讲，它可以作为一项终身运动。

魏：是的，马拉松其实挺好玩的，你跑着跑着就不会感觉枯燥了，你会发现自身有很大的变化，各个方面都不一样了，它能让你越来越了解自己的身体，状态也和同龄人不一样了。

马：好！谢谢亚楠，讲得非常详细，今天学习了。下面请您再介绍一下赛后的训练方法。

魏：赛后的训练属于恢复期，先说赛后最重要的就是拉伸，无论比赛结束后有多累，都要尽量在比赛场地做拉伸，我要在这里提醒大家，包括每天训练后的拉伸，都非常重要。跑步前的拉伸是静态拉伸，比赛结束后或者训练结束后要用动态拉伸，因为长跑完肌肉已经僵化了，要尽量把它调动起来，多做转胯运动、摆胯运动、摆腿运动，其他系统动作网上都能搜到，可以多找一些适合自己的。如果刚参加完全程马拉松比赛，一定要迅速地减少跑量，不要再去跑太多的量，一定要注意恢复，每天少跑一些，可以通过跑山、小跑、慢跑去调节，就不要再跑公路了。家住在海边的可以跑沙滩，沙滩对踝关节、膝关节特别好。家住在长春的，可以去净月潭，到净月潭跑山，那是一个多好的地方啊！在森林里大口地深呼吸。你那么喜欢跑步，你就要把它安排好，包括你的训练计划，都要把它结合到一起来制定一个完美的规划。如果有条件的话，也可以泡泡温泉、做做按摩来进行赛后恢复。

马：刚才你说到跑公路的情况，现在全国热门的城市马拉松比赛场地都设在市区内公路上举办，所以平时很多长跑爱好者也都喜欢沿着公路跑步，这样训练科学吗？

魏：我想告诫大家，一定不要赶在路上车多的时候跑步，偶尔可以，但如果长期在公路边跑步真的不行。每当看到有人在公路边跑步，尤其每天上下班路上车多的时候，我都非常想跑过去劝这些跑步的人赶快回家，这个时间不适合在公路边跑步，因为汽车尾气给我们带来的伤害，就像吸二手烟一样，汽车尾气中硫和铅等有害物质的含量非常高，长时间大量吸入，一定会对肺部造成永久性损害，跑步本身是为了身体健康，如果这样跑步就是得不偿失。这是重点，我建议跑友们千万千万不要在公路边跑步，尤其早晚通勤车流量最大的时间段，那真是太可怕了，日积月累的伤害特别可怕。要找远离公路的公园或者体育场跑步，能去净月潭跑最好，就这么讲，即使在小区跑，也比到公路边跑步强。

马：现在有关训练部分的内容就先介绍到这里。接下来，请您针对业余选手对于作息时间的把控，再给出一些合理建议，因为在这方面日常生活中能够获得的有效信息实在太少。

魏：关于作息时间，我认为如果你喜欢长跑这项运动，首先就要休息好，一定要保证至少七小时睡眠，晚上尽量十点钟睡觉，最晚不要超过十点半。因为这样才能保证第二天早起，其实有的时候也不一定每天早晨跑步，也可以每天下班后跑一点，如果有重点课可以放在早晨训练。下班以后的空气质量要差一些，绝对不能在公路边跑步，可以找个公园训练。我通常是下班以后，从伊通河跑到卫星路，我会从吉林大路的伊通河开始跑，一直跑到南溪湿地的家，你看这一路，就是因为我的爱好，都不用开车了。

马：还有一个长跑爱好者都经常会遇到的情况，也会经常互相询问，但是一直没有得到过准确答案，在这里我替喜欢喝酒的朋友们咨询一下这个问题，酒后多长时间才能跑步？如何调整酒后作息时间？

魏：有关这个问题我必须给大家一些建议，作为业余选手，当然不能把跑步当成一切，可以作为爱好，但是也要有正常人的生活，所以说可能也会喝一些酒，应付一些场合。我要重点提醒一下，如果第一天晚上真的喝酒了，第二天早上就一定不要早起跑步，因为喝酒以后，血液里的酒精浓度比较高，跑步会增加心脏负担，心率也会过高，尤其是四五十岁的跑者，酒后跑步会对身体造成很大伤害。如果想通过跑步来排汗，排出体内的酒精，我建议下午找个时间或者是下班后再跑。但我建议最佳时间是酒后19个小时再跑步，因为酒精在人体内完全代谢排出体外平均需要19个小时。

马：亚楠，除了喝酒的问题，请你再给"三高"体质的朋友们一些建议。

魏：从我带学员的经验看，"三高"体质来跑步的一般都是初学者，而且现在越来越多，都是想通过跑步来改善身体状况的。我觉得初学者多了解跑步常识是非常

117

重要的。什么是健康跑？什么是马拉松？应该在了解以后再去跑。比如我建议初学者或"三高"体质的这些学员，首先不要着急参与跑步，因为本身就是"三高"体质，体重一般都不会轻的，如果直接跑，没跑几天就会造成关节损伤，身体会出现问题。所以我建议他们不要先学会跑，要先学会走，先做一些力量练习。我们可以这样，先预热走10分钟，走完10分钟后下场做卷腹练习，就是练腹肌，再练背肌，然后再跑5分钟，跑完5分钟后再做各种专项力量训练。比如跳啊、扭腰啊、扭胯啊，这些练习，最后可以再走5分钟，这就是第一天的适应课。别看第一节课只跑了5分钟，这5分钟可能也就跑了几百米，不到1公里，但在其他方面你增长了力量。第二天可以先跑10分钟，再走5分钟，然后再跑5分钟，这中间再穿插其他力量练习，慢慢地加量，最后可以坚持跑50分钟甚至一个小时。如果同时再能控制点饮食，我相信"三高"指标很快就会降下来。因为我带过一名学员，跟着我训练一段时间，练到第三周的时候对我说，魏老师，我现在只吃半片降压药了。他高血压，开始来的时候吃一片药。我说你自己一定要测好，每天都测好。等到两个月后他就自己停药了，去净月挑战环潭了。跑之前还问我可不可以？我说可以啊！有什么不可以的？我们不要求时间吧？哪怕是先跟着走，走5公里，之后再跑又有什么的呀？你挑战能完成17公里就行了呗？你没有问题的，肯定能跑下来。就因为他平时训练注意堆积力量，直到现在也没有任何伤病，这就是个很好的例子。大家一定要记住，"三高"体质的朋友一定不要先跑步，不要抬腿就跑，上来就跑，千万不要这样。

马：谢谢亚楠！这些建议非常中肯，您的这些建议能为各大医院心血管科减负了。那么下一个话题，请再为各大医院骨伤科减轻些负担，随着这几年全国兴起的马拉松热，这本身是件好事，但统计数据显示，在马拉松比赛后有70%—80%的业余选手都会产生不同程度的运动损伤，从而对生活造成实质性困扰，你看这类运动损伤该如何康复？

魏：其实这都是马拉松运动损伤，全都是劳损，这不像短跑运动是拉伤，不存在这方面问题。就是因为大家太急于超越自己，太追求跑量了，如果出现这类情况，大家就不要再去跑步了，一定不要让它变成完全的劳损，要把它恢复到原有的状态，各个关节组织一定要恢复正常再练。尤其是有些业余选手，他的问题是，刚刚恢复一点，就急于去跑，感觉稍好一点，就去跑。出现伤病不可怕，可怕的是不能停下来，不给身体康复的机会。不跑步的这个阶段我们可以躺着来练习，可以拿个瑜伽垫，躺在瑜伽垫上跑步。或者买一根弹力带，把它套在脚踝上，做仰卧起坐这种动作。这都是可以的，这不都一样练吗？出现伤病，是某个部位已经超过了承受能力，这时候就需要歇下来，练练其他部位，加强别的力量，然后随着各个部位能力的提升，原来受伤的这个部位就会加速康复，把其他部位力量增加以后，一定也会减轻受伤部位的损伤。所以说不要急于去跑步，但也不要完全静养，要结合素质训练，每天找一些合理的动作来练习，不要再做不合理锻炼，刺激损伤的部位，运动一定要合理。

马：前一段时间，有个轰动世界跑圈的消息，人类终于突破全马两小时大关了，请聊聊，您对基普乔格破2的看法？

魏：基普乔格这次破2，的确很令人振奋，但这次突破和正常比赛跑出来的成绩还是不一样，他是按照能完成破2的这个路线，比如增加下坡长度，来规划全程线路的，而且全程都配有众多顶尖的马拉松运动员来当兔子，这种配置不适用于常规比赛。不过他确实有这个实力和天赋，他正常比赛时自己就能轻松跑出2

小时5分以内的成绩，他天生就是一位马拉松精英选手。

马：我看现在国内很多男选手也说要破2，可能性大吗？

魏：我对这个没有信心，我觉得能开2小时5分就已经很厉害了，我个人是这么认为的。

马：亚洲国家的马拉松选手是如何排位的？

魏：说实话，日本选手排名还是比较靠前的，由于现在的科技含量占比高，对于马拉松世界排名的科技含量也不可忽视。就现在的情况来讲，所有的装备都比我们那个时候要高得多，比如拿鞋来讲，我们那时候没有这么好的碳板技术，那时候鞋底只是压缩的，它是硬的，和现在的科技没法比，现在的鞋多轻啊！包括现在的比赛服，都很轻盈，透气率也非常好。你想全程马拉松是42公里195米的距离，装备上差一两重，能差出多少啊！我那个年代如果有这样的鞋，我的成绩还会更高。现在中国男子长跑成绩确实要比女子成绩偏好一些，中国女子长跑水平在下降，但中国长跑男子水平确实呈现上升的趋势。我觉得根本原因，还是我们国家强大了，各方面的技术能力都增强了。

马：对于非洲马拉松运动员您怎么看？

魏：非洲马拉松运动员，尤其是东非选手，无论是男子，还是女子，他们都能达到很高的水平。第一，他们本身就生活在高原地区，从小耐缺氧能力就高；第二，他们的肌肉类型和我们也不一样，奔跑的时候，他们的养分消耗就比我们要少；第三，骨骼结构也不一样，我们往那儿一站就能看出身材有明显差异；第四，他们普遍比较贫穷，中国比他们要好很多，你看，我们的孩子吃什么，他们的孩子吃什么？他们是以跑步为生的，跑步可以让他们富有，让他们吃得好些，让他们能住得好些。现在中国的农村即使穷点，也不缺吃不缺喝啊！所以他们的意志品质都比较强大。

马：你在韩国训练过，你对韩国马拉松运动员怎么看？

魏：我觉得韩国选手从身材上从事马拉松运动就没有优势，都不用和非洲人比，和其他亚洲人来比都不占优势。但韩国运动员的刻苦精神值得我们学习，他们很拼，无论在赛场上，还是在训练时，韩国历史上曾多次取得过马拉松奥运会金牌。我认识一位叫李凤柱的男选手，他是韩国的民族英雄，一共参加过四次奥运会。有一年我们同场比赛，他已经是两个孩子的父亲了，仍然拿到比赛冠军，他现在肯定年龄大了，不跑了。但韩国男子比女子出成绩，这么多年，女选手没出过好成绩，不像中国和日本，女选手都很厉害，现在我们的女选手水平要比韩国女选手水平高。

马：你看日本怎么样？我去日本时，发现无论在白天还是晚上，都能看到有很多人在跑步，尤其天皇住的皇宫附近，总有大批人围着皇宫在跑步，感觉群众基础很好。

魏：对啊！日本的马拉松运动全民基础很好，大约有三分之二的国民都在跑步。你仔细想想，这是好事啊！日本马拉松人口多，所以国民身体状态也好，心态也好。日本马拉松项目一直保持着很高的水平，平均水平尤其高，几年就会出一个尖子。

马：朝鲜怎么样？我感觉最能拼的应该是他们，我记得有一年北京国际马拉松，就有一位朝鲜选手获得了冠军。

魏：朝鲜运动员在饮食营养和科技支撑方面相对弱一些，所以，他们能依靠意志品质和民族精神，跑出好成绩的确实是天才，如果我们中国选手能有这种拼劲，会出来很多基普乔格。

马：您对俄罗斯怎么看？

魏：俄罗斯人长得都是高高大大的，根据体型就不是跑马拉松的料，他们中长跑很厉害，400米、800米、1500

米都很好，俄罗斯人适合搞这样的项目，跑马拉松想
出成绩，天赋很重要。

马：很好！亚楠，您还有什么想对自己说的？

魏：我……我最想说的是……我对自己已经说过无数遍了，
现在不想再说了。我现在最想，最想看到的是中国人能
拿到一块马拉松项目奥运金牌，我知道我们有这个实
力。

马：现在您对自己的未来还有什么期望？

魏：我希望通过我的跑团，发现并训练出，将来能为咱们
国家获得奥运会这块金牌的运动员，我真的希望能有
这样的机会。

马：好的，谢谢亚楠！这也是我们共同的期待，谢谢您的
知无不言！谢谢您的坦诚！

后记

我的学生时代，必看，不能错过的两个体育栏目，《NBA》《北京国际马拉松》。到2003年10月19日，我跑北京马拉松那天，全国年度举办马拉松的城市有三个，北京、大连、厦门，那时能参加一场这类马拉松赛事是神圣的，参赛时像朝拜。

秋日的北京，清晨的金光镀满天安门城楼，在毛主席赞许目光注视下，踏着祥瑞跑过金水桥前的长安街，身边各种缤纷都被绚丽的黄笼罩着，那一刻，珺璟如晔，集体升仙。

据统计，仅到2018年上半年，全国举办的马拉松赛事已超两百场。

据不完全统计，到2019年，全国马拉松赛事已在祖国的大江南北遍地开花超千场，我国的城市全部加在一起也只有六百多座，除了城市，县、乡、村、屯、景区、景点，都在大张旗鼓地体育搭台，宣传唱戏。之后，中国人被分为两类：一类是参加过马拉松比赛的，5公里也算，亲子也算，残疾人也算；另一类是未来准备参加马拉松比赛的。马拉松时代就这样突然来了，马拉松人口突然铺天盖地，全民健身运动突然成了规模，中国突然一个跨步撞线，成为名副其实的体育大国，又一次弯道超车，把兄弟国几十年没走完的路给跑完啦。

但既出意外，又不出意外的是，很快我们就成了运动损伤大国，由于从学校，到社会，到医疗，全面缺乏专业性指导，在意志的胜利感召下，全民运动的浪潮直接导致八成以上的新生期长跑爱好者，产生了不同程度的运动损伤，甚至发生众多初跑即退役赛的现象，短时间内，全国各大医院骨伤科随之迅速扩容。

在那段时间，我有幸读到一本美国版的《运动卫生指南》，我更有幸因工作机会与魏亚楠的人生轨迹产生了交点。借工作之机，在工作之余，我们聊了很多长跑方面的专业和非专业的知识，让我对她的兴趣点从马拉松世界冠军头衔，逐渐转向作为一名专业长跑运动员的经历，以及是如何做到无伤病退役的。在我的认知里，作为一名专业运动员能无伤病退役，犹如初雪时，吉林省农安县的一只大鹅能成功从养鹅场越狱般神奇。

资深跑者都有体会，每次凭借双腿获得挥汗如雨后的长时间微愉悦，才是长跑运动的核心魅力，它能解百忧，能祛百病，更是驱动力，让跑者们乐不思休。如何能使更多人保持健康、快乐，顺利长期成瘾，是我和魏亚楠经过多次交换意见达成的共识，希望能给所有长跑爱好者提供有价值的避坑指导。坑一，每当通勤高峰期看到车窗外在拥堵公路边的跑者，虽然观众众多，场面很拉风，但我总有种冲动，想上前劝阻，因机动车排放的尾气中含有大量一氧化碳、铅和固体悬浮微粒，长期在这样的环境下跑步，会对跑者多器官造成伤害；坑二，每当北方冬季户外能见度低时看到跑者，虽说冬练三九，冬训不可少，但我总有冲动，想上前劝阻，因为北方冬季出现的雾霾天的空气中含有大量硫化物颗粒，长期吸入会对跑者肺部造成严重损害；坑三，每当看到气喘如牛的大体重跑者，虽然心生敬意，但我总有冲动，想上前劝阻，告诉他们切忌期望一次跑成个瘦子，因为不可能，且隐藏巨大风险，以减肥和降"三高"为目的跑者，需要以科学训练计划为指导，循序渐进，方可长久见效；坑四，每当看到成年人连踢带骂逼迫未成年人进行长距离跑步训练时，虽然能理解家长心情，但我总有冲动，想上前劝阻，对于未成年人的耐力训练不能揠苗助长，应先从中长跑速度训练入手，待其成年后再进行耐力培养也不迟；坑五，每当发现酒后跑者，虽如此操作理论上会加速酒精代谢排出体外，但我总有冲

127

动，想上前劝阻，因酒精特殊性质，在未被完全代谢出体外时不宜剧烈运动，否则会对跑者心脏造成损伤；坑六，每当得知未经系统训练就要报名参加马拉松赛事跑者，如此惊人的消息虽然短期会赢得亲友赞誉，但我总有冲动，想上前劝阻，全程马拉松属于人类极限运动，历史上第一位跑完这段距离的是一名希腊士兵，且身体健壮，但他却暴毙于这段距离的终点。所以，亲们！不要为了晒朋友圈和感动自我，以自己后半生的健康，甚至生命为代价而孟浪。类似以上坑种等等，不尽述！案例场景均为生活周遭常见的，但我极少出面干预。亚圣有言，人之患在好为人师，为避患，故谨言慎行，以至多年堆积顾虑，心焦！心切！于此一吐真意。今望跑者能参考本书，认真践行！

由于不够专业资格写一本中国版运动卫生指南，所以发愿要把魏亚楠的宝贵经验推荐给长跑爱好者们，还长跑这项健身运动于健康，还全民健康于健康中国。愿所有参与长跑这项运动的健足者，其运动生涯最终只有一个目标，身心健康！

人类已摆脱为生存而奔跑，人类该坚持为生存质量而奔跑。

初稿完成于书房2023年正月初八
终稿完成于工作室2024年6月20日